Tapas en 3 pasos

Tapas
en 3 pasos

Valérie Berry
Fotografías de Jim Wood

Círculo de Lectores

sumario

Ingredientes típicos para tapas

manchego
(queso de oveja al corte)

alcaparras frescas
(o en conserva)

jamón ibérico
(charcutería o supermercado)

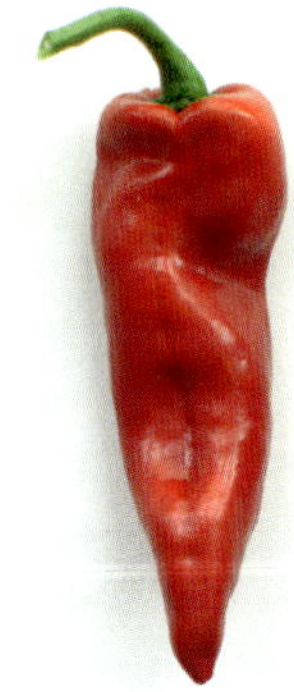

guindilla roja
(verdulería)

monte enebro (queso
de cabra al corte)

anchoas en aceite
(supermercado)

semillas de anís
(o en polvo)

morcilla (charcutería
o supermercado)

cabrales
(entreverado al corte)

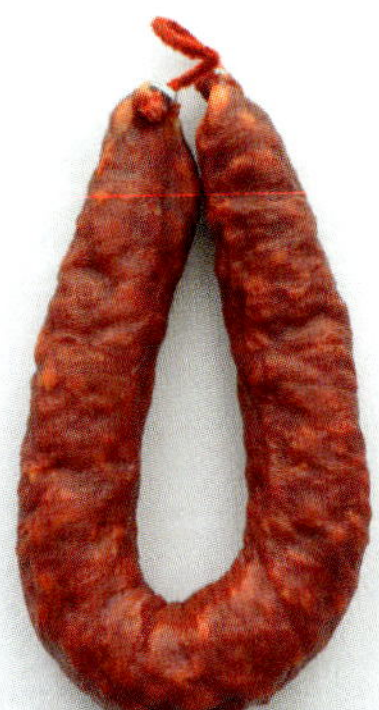

chorizo para cocinar
(charcutería o supermercado)

azafrán en polvo
(charcutería o supermercado)

pimientos de Padrón
(colmado o verdulería)

ventresca de atún en aceite
(colmado o supermercado)

mejillones en escabeche
(colmado o supermercado)

vinagre de jerez
(colmado o supermercado)

almendras
(colmado o supermercado)

pimientos del piquillo
(colmado o supermercado)

olivas negras
(frescas o en conserva)

olivas verdes rellenas de pimiento
(en conserva, supermercado)

guindilla encurtida
(colmado)

Idiazábal
(queso de oveja al corte)

jamón serrano
(charcutería o supermercado)

chorizo ibérico
(charcutería o supermercado)

lomo ibérico
(charcutería o supermercado)

boquerones en vinagre
(en conserva, supermercado)

pimientos de romesco
(verdulería o colmado)

carne de membrillo
(colmado o supermercado)

chorizo
(charcutería o supermercado)

pimentón
(colmado o supermercado)

hilos de azafrán
(más perfumado que en polvo)

piñones
(colmado o supermercado)

angulas en aceite
(colmado o supermercado)

PARA 1 VASO

5 min. de preparación

MUY FÁCIL

Tinto de verano (cóctel de vino)

De la bodega
10 cl de vino tinto
2 cdas. de vermut

De la verdulería
1 limón amarillo

Del colmado
un poco de limonada

Material
un vaso alto

1 cortar

Cortar el limón en rodajas finas.

2 juntar

Poner en un vaso unos cuantos cubitos
y 1 rodaja de limón.

3 servir

Verter el vino tinto y el vermut, después completar
con la limonada al gusto. Servir enseguida.

PARA 1 VASO

5 min.
de preparación

MUY FÁCIL

Kir español

De la bodega
1 botella de cava muy frío
2 cdas. de crema de casis
5 cl de jerez seco

Material
copa de cava

1 preparar

Abrir con cuidado la botella de cava.

2 verter

Verter la crema de casis en una copa de cava.

3 mezclar

Añadir el jerez seco y terminar de llenar el vaso con el cava.

PARA 6 VASOS

10 min. de preparación

2 h de reposo

FÁCIL

Sangría del patrón

De la bodega
1 botella de vino de Rioja
4 cdas. de coñac

De la verdulería
1 limón amarillo sin tratar
1 naranja pequeña sin tratar
1 melocotón
30 g de frambuesas

Del colmado
50 g de azúcar extrafino
1 rama grande de canela

Para acompañar
1 botella de agua con gas

1 cortar

Cortar el limón y la naranja en trozos no demasiado grandes. Pelar el melocotón y cortarlo en rodajas finas.

2 servir

Poner todas las frutas en una jarra grande. Añadir la rama de canela y el azúcar extrafino.

3 macerar

Verter el vino y el coñac. Mezclar con la rama de canela. Dejar macerar 2 horas en el frigorífico (o más si se puede). Servir la sangría en vasos y añadir un poco de agua con gas bien fría.

Menús de tapas

Tradicional

Un menú de tapas tradicionales que nunca fallan.

- Banderillas (p. 18)
- La tortilla de Rosita (p. 42)
- Chorizo al vino (p. 116)
- Boquerones en vinagre caseros (p. 76)
- Albóndigas de cerdo y ternera con salsa de tomate (p. 128)
- Pimientos de Padrón a la flor de sal (p. 22)
- Montaditos de chorizo de bellota con cebolla confitada (p. 118)
- Croquetas de jamón (p. 136)
- Mejillones en escabeche (p. 80)

Rápido

Un menú de tapas básicas que pueden prepararse en el último momento.

- Gambas salteadas con ajo y anís (p. 28)
- Rollitos de tortilla con Idiazábal y pimientos del piquillo (p. 36)
- Banderillas (p. 18)
- Montaditos de chorizo con queso (p. 32)
- Pan con tomate (p. 24)
- *Foie gras* a la plancha con membrillo (p. 30)
- Almendras con especias (p. 20)
- Tinto de verano (p. 8)

Sofisticado

Juega con los sabores y crea tapas originales.

- Puré de guisantes con chorizo (p. 124)
- *Foie gras* a la plancha con membrillo (p. 30)
- Pimientos de Padrón rellenos de queso de cabra (p. 52)
- Canapés de morcilla con huevos de codorniz (p. 44)
- Tirabeques rellenos de cangrejo, espárragos y pimentón (p. 82)
- Vieiras salteadas con chorizo a la salsa de naranja (p. 78)
- Calamares en su tinta (p. 104)
- Salmorejo (p. 62)
- Kir español (p. 10)

Picnic

Estas tapas frías, que se pueden preparar con antelación, son perfectas para un picnic.

- Gazpacho clásico de tomate (p. 54)
- Champiñones marinados al limón y canela (p. 50)
- Huevos de tres sabores (p. 38)
- Rollitos de pimientos con hierbas, alcaparras y piñones (p. 64)
- Mousse de hígado de ave con piñones y jerez (p. 126)
- Alcachofas marinadas (p. 60)
- Sardinas en escabeche (p. 88)
- Ventresca de atún con garbanzos (p. 86)
- Cremas de cacao para los más chocolateros (p. 148)
- Sangría del patrón (p. 12)

Barbacoa

Algunas ideas de tapas son ideales para disfrutar en las barbacoas cuando hace buen tiempo. Se pueden preparar antes y cocinarlas en el último minuto.

- Berenjenas asadas con salsa romesco (p. 58)
- Canapés de atún con salsa de olivas (p. 98)
- Minibrochetas de pato con champiñones y jamón serrano (p. 130)
- Mejillones con pimientos del piquillo y anchoas (p. 96)
- Ensalada de pimientos y tomates con salsa de azafrán (p. 66)
- Montaditos de chorizo de bellota y cebolla confitada (p. 118)
- Pimientos verdes asados con anchoas (p. 102)
- Dados de melón macerados al jerez (p. 146)

Almuerzo de tapas

Las tapas no solo sirven para picotear. Doblando las raciones, puedes preparar una comida completa y deliciosa.

- Anillos de calamares fritos y mayonesa al azafrán (p. 110)
- Buñuelos de bacalao (p. 100)
- Ensalada tibia de morcilla, habas y cebolla roja (p. 122)
- Puré de guisantes con chorizo (p. 124)
- Bocaditos de calabacín con cangrejo y jamón (p. 106)
- Caracoles con tomate y chorizo (p. 132)
- Patatas bravas (p. 56)
- Tarta de sardinas y cebollas (p. 92)
- Pastel de chocolate y almendras (p. 152)

tapas exprés

PARA 6 PIEZAS

5 min. de preparación

7 min. de cocción

MUY FÁCIL

Banderillas

Del colmado
6 huevos de codorniz
100 g de queso manchego
3 pimientos del piquillo marinados
6 olivas negras
6 guindillas pequeñas en vinagre
6 pepinillos
6 filetes de anchoas en aceite
6 olivas rellenas de pimiento
6 cebolletas en vinagre

Material
6 brochetas pequeñas o palillos

1 pelar

Hervir agua en una olla. Cocer los huevos de codorniz durante algo menos de 3 minutos. Enfriarlos con agua corriente y pelar.

2 cortar

Cortar el queso manchego en dados, y los pimientos, en tiras.

3 montar

Pinchar los ingredientes en las brochetas o los palillos, juntándolos y alternándolos al gusto o según la inspiración: huevo de codorniz, manchego, pimiento, oliva negra y guindilla marinada; o anchoa, oliva rellena, pepinillo y cebolleta.

PARA 4 PERSONAS
10 min. de preparación
20 min. de cocción
MUY FÁCIL

Almendras con especias

Del colmado
1 clara de huevo
200 g de almendras peladas
½ cdta. de sal
1 cdta. de comino molido
una pizca generosa de cayena en polvo

Material
papel sulfurizado

1 preparar

Precalentar el horno a 170 °C. En un cuenco, verter la clara de huevo y batirla muy ligeramente con un tenedor. En una placa de horno, extender las almendras y asarlas durante unos 15 minutos.

2 juntar

Poner las almendras en un cuenco. Añadir la sal, el comino y la cayena. Verter por encima la clara de huevo. Mezclar bien.

3 dorar

Extender las almendras sobre la placa de horno cubierta de papel sulfurizado y hornearlas nuevamente durante 5 minutos.

PARA 6 PORCIONES

5 min. de preparación

3 min. de cocción

MUY FÁCIL

Pimientos de Padrón a la flor de sal

De la verdulería
200 g de pimientos de Padrón

Del colmado
4 cdas. de aceite de oliva
flor de sal

Material
espumadera

1 cocinar

Calentar el aceite de oliva a fuego muy fuerte en una sartén mediana (25 cm de diámetro). Echar los pimientos, con cuidado para que no salpique el aceite, tapar y freír durante 3 minutos.

2 escurrir

Sacar los pimientos de la sartén con una espumadera y escurrirlos sobre papel absorbente.

3 sazonar

Servir los pimientos en una fuente y espolvorear la flor de sal por encima.

PARA 4 PERSONAS

15 min. de preparación

10 min. de marinado

5 min. de cocción

FÁCIL

Pan con tomate

De la verdulería
3 tomates maduros
1 diente de ajo

Del colmado
1 chorrito de vinagre de jerez
aceite de oliva
sal, pimienta

De la panadería
6 rebanadas de pan

Para acompañar
jamón serrano
filetes de anchoas en aceite
olivas
perejil

1 preparar

Cortar 3 tomates maduros por la mitad. Pelar y aplastar el diente de ajo. Rallar toscamente los tomates con un rallador de verduras (las pepitas y la piel se quedarán sobre el rallador).

2 marinar

Mezclar la carne de los tomates con el diente de ajo. Salpimentar al gusto y añadir un chorrito de vinagre de jerez. Dejar marinar durante 10 minutos.

3 tostar

Tostar las rebanadas de pan y extender encima la pulpa de los tomates. Aliñar con un chorrito de aceite de oliva.

PEQUEÑO CONSEJO: Se puede tomar con jamón, anchoas, olivas picadas o perejil.

PARA 6 PERSONAS

10 min.
de preparación

FÁCIL

Crema de pimientos del piquillo y anchoas

De la verdulería
1 diente de ajo

Del colmado
20 pimientos del piquillo
10 filetes de anchoas en aceite
2 cdas. de aceite de oliva virgen extra

Para acompañar
pan tostado
½ pepino
1 endibia

Material
picadora

1 preparar

Escurrir bien los pimientos y los filetes de anchoa sobre papel absorbente. Pelar y picar fino el diente de ajo. Precalentar el grill, si se va a usar.

2 triturar

En la picadora, triturar bien los pimientos, los filetes de anchoas y el diente de ajo. Sin dejar de triturar, verter el aceite en un chorrito constante. Colocar en un cuenco.

3 servir

Untar esta crema sobre pan tostado o servir con bastoncitos de pepino u hojas de endibia para mojar.

PARA 12 GAMBAS

10 min.
de preparación
5 min. de cocción

FÁCIL

Gambas salteadas con ajo y anís

De la pescadería
12 gambas grandes crudas

De la verdulería
2 dientes de ajo

Del colmado
2 cdas. de aceite de oliva
1 cdta. de semillas de anís
½ limón
sal, pimienta

Material
prensa ajos (opcional)
exprimidor

1 preparar

Pelar las gambas conservando la cola. Con la punta de un cuchillo retirar el hilo negro del lomo. Pelar y aplastar los dientes de ajo. Exprimir el medio limón.

2 cocinar

Calentar el aceite en una sartén grande (25 cm de diámetro). Saltear las gambas 1 minuto a fuego vivo. Salpimentar al gusto, después añadir el ajo y las semillas de anís. Remover bien. Bajar el fuego y cocinar 1 minuto más. Hay que procurar que las gambas estén salteadas por ambos lados, y ajustar los tiempos de cocción según el tamaño de las gambas.

3 servir

Verter el zumo de limón en la sartén y desglasar durante 30 segundos removiendo. Servir inmediatamente.

PARA 12 CANAPÉS

5 min.
de preparación

3 min. de cocción

FÁCIL

Foie gras a la plancha con membrillo

De la carnicería
200 g de *foie gras* de pato crudo

De la panadería
12 rebanadas de baguette rústica

Del colmado
30 g de carne de membrillo
2 cdas. de azúcar extrafino
2 cdas. de vinagre de jerez

Material
brochetas o palillos

1 cortar

Cortar el *foie gras* en 12 rodajas de 1 cm de grosor. Cortar la carne de membrillo en 12 rectángulos.

2 cocinar

Precalentar una sartén pequeña antiadherente. Cuando esté bien caliente, marcar la mitad de las rodajas de foie 30 segundos por cada lado. Después, ponerlas sobre las rebanadas de baguette. Desechar la grasa de la sartén. Añadir a la sartén la mitad del azúcar y del vinagre, dejar hervir 15 segundos para obtener un jarabe espeso.

3 servir

Poner sobre cada montadito de *foie* un trozo de membrillo; después, sujetar con unas brochetas. Verter un chorrito del jarabe caliente por encima y servir enseguida.

PEQUEÑO CONSEJO: El *foie gras* se hace muy rápido. Como hay que tomarlo muy caliente, se recomienda comer la primera tanda antes de hacer la segunda.

PARA 18 MONTADITOS

10 min. de preparación

5 min. de cocción

FÁCIL

Montaditos de chorizo con queso

De la charcutería
150 g de chorizo picante
120 g de queso cabrales o queso azul

De la panadería
18 rebanadas de baguette rústica

Material
papel de aluminio

1 preparar

Cortar el chorizo en rodajas finas. Precalentar el grill del horno al máximo.

2 rellenar

Poner las rebanadas de baguette sobre una placa de cocción cubierta de papel de aluminio, después tostar el pan en el horno y poner el chorizo encima (2 rodajas por montadito).

3 hornear

Añadir un poco de queso sobre cada montadito y hornear el pan durante 2 minutos para que el queso se funda y se dore ligeramente. Servir caliente.

tapas de huevo

PARA 4 PERSONAS

5 min. de preparación
8 min. de cocción

MUY FÁCIL

Rollitos de tortilla con Idiazábal y pimientos del piquillo

De la charcutería
100 g de Idiazábal

Del colmado
4 huevos
4 cdas. de aceite de oliva
3 pimientos del piquillo en conserva cortados en cuatro
sal, pimienta

De la panadería
12 rebanadas de pan

Material
12 brochetas o palillos

1 preparar

Cascar 2 huevos en un cuenco, salpimentar y batir ligeramente con el tenedor. Cascar los otros 2 huevos en otro cuenco. Rallar el queso. Tostar las rebanadas de pan.

2 cocinar

Calentar la mitad del aceite en una sartén (25 cm de diámetro). Verter los huevos batidos en el aceite caliente para hacer una tortilla muy fina. Espolvorear la mitad del queso rallado por encima y cocinar 1 minuto.

3 enrollar

Pasar la tortilla a un plato, enrollarla y cortarla en 6 trozos. Preparar del mismo modo una segunda tortilla. Para servir, disponer los trozos de tortilla sobre el pan tostado, decorar con un trozo de pimiento y sujetar con las brochetas. Servir templado.

PARA 12 PORCIONES

10 min. de preparación

10 min. de cocción

FÁCIL

Huevos de tres sabores

De la verdulería
1 cda. de menta fresca picada
2 zanahorias pequeñas

Del colmado
6 huevos no demasiado grandes
6 puntas de espárragos verdes en conserva
2 cdas. de mayonesa
una pizca de azafrán en polvo
3 olivas verdes rellenas de pimiento, picadas muy finas
Tabasco más un poco para servir
1 cda. de aceite de oliva
2 cdas. de pistachos picados
3 cdas. de pan rallado mezclado con ajo picado
sal, pimienta recién molida

1 preparar

Poner los huevos en una olla pequeña y cubrir con agua fría; cuando rompa a hervir, cocer durante 6 minutos. Refrescarlos con agua fría antes de pelarlos. Cortarlos por la mitad y retirar con cuidado las yemas.

2 juntar

Rallar las zanahorias. Aplastar 2 yemas de huevo con el tenedor y añadir las puntas de espárragos, 1 cucharada de mayonesa y la menta. Salpimentar. Aplastar 2 yemas de huevo y mezclar con las zanahorias ralladas, el azafrán, unas gotas de Tabasco (al gusto) y el aceite de oliva. Salpimentar. Triturar las 2 yemas de huevo restantes y añadirlas a las olivas junto con el resto de la mayonesa. Salpimentar.

3 rellenar

Rellenar las claras de huevo con las diferentes mezclas. Decorar los huevos rellenos de zanahoria con pistachos picados, y los rellenos de olivas, con pan rallado y ajo. Echar unas gotas de Tabasco por encima, al gusto.

PARA 12-15 PORCIONES
10 min. de preparación
15 min. de cocción
FÁCIL

Montaditos de lomo ibérico y huevos revueltos con tomate

De la charcutería
12-15 rodajas finas de lomo ibérico

De la verdulería
1 cebolleta
1 diente de ajo
1 pimiento verde pequeño
300 g de tomates

Del colmado
2 pimientos del piquillo en conserva
2 cdas. de aceite de oliva
½ cdta. de azúcar extrafino
4 huevos no demasiado grandes
sal, pimienta

De la panadería
12-15 rebanadas pequeñas de pan

1 preparar

Pelar la cebolleta y picarla fina. Pelar el ajo y picarlo. Quitar las pepitas y picar el pimiento. Pelar los tomates, quitarles las pepitas y picarlos. Escurrir y picar los pimientos. Tostar las rebanadas de pan.

2 cocinar

Calentar la mitad del aceite en una sartén y saltear la cebolleta, el ajo y el pimiento a fuego medio durante 5 minutos. Agregar los tomates picados, el azúcar y los pimientos del piquillo. Añadir un poco de sal. Cocinar los tomates durante unos 7 minutos para que el líquido se evapore y la salsa se espese. Dejar enfriar en un recipiente. Volver a poner la sartén sobre el fuego, verter el resto del aceite y cascar los huevos en él. Revolver sobre el fuego 30 segundos. Añadir entonces la salsa de tomate, sal y pimienta al gusto. Cocinar 30 segundos más sin dejar de remover. Apartar la sartén del fuego.

3 montar

Colocar 1 rodaja de lomo ibérico sobre cada rebanada de pan y poner encima los huevos revueltos. Servir enseguida.

PARA 1 TORTILLA (25 PORCIONES)

10 min. de preparación

20 min. de cocción

FÁCIL

La tortilla de Rosita

De la verdulería
450 g de patatas harinosas
1 cebolla pequeña

Del colmado
10 cl de aceite de oliva
3 huevos
1 cda. de leche
sal, pimienta

Material
colador

1 preparar

Pelar las patatas, aclararlas y cortar en rodajas finas. Frotarlas con un paño limpio para quitarles toda el agua. Salpimentar generosamente. Pelar y cortar la cebolla en rodajas.

2 cocinar

Calentar el aceite en una sartén mediana (25 cm de diámetro) y añadir la cebolla y las patatas; deben quedar cubiertas de aceite. Bajar el fuego, tapar y dejar cocinar de 12 a 15 minutos, procurando que no se quemen. Cuando las patatas estén hechas, pasarlas con cuidado a un colador sobre un recipiente para recuperar el aceite. Entibiar. Batir los huevos con la leche, salpimentar. Añadir las patatas tibias y dejar reposar unos minutos sin mezclar.

3 juntar

En una sartén pequeña (20 cm de diámetro), calentar 1 cucharada del aceite reservado y verter los huevos con las patatas. Cocinar 2 minutos a fuego medio, presionando las patatas con una espátula. Cuando los huevos estén cuajados por abajo, poner un plato grande llano sobre la sartén y darle la vuelta de manera que la cara aún líquida de la tortilla quede en el fondo del plato. Volver a poner la sartén sobre el fuego, añadiendo si se necesita un poco de aceite. Cuando la sartén esté bien caliente, deslizar la tortilla para que se cocine por la otra cara durante 1 minuto más o menos, presionándola un poco por encima. Cortar en dados y servir.

PARA 12-15 CANAPÉS
15 min. de preparación
10 min. de cocción
FÁCIL

Canapés de morcilla con huevos de codorniz

De la charcutería
100 g de morcilla

De la verdulería
1 diente de ajo
1 cebolla pequeña
1 tomate pelado
60 g de uvas blancas sin pepitas

Del colmado
4 cdas. de aceite de oliva
6 huevos de codorniz

De la panadería
6 rebanadas grandes de pan de miga

Material
6 moldes de magdalena
cortapastas redondo de 8 cm de diámetro

1 preparar

Precalentar el horno a 200 °C. Cortar la morcilla en daditos. Pelar el ajo y la cebolla. Picar el ajo y picar la cebolla. Pelar el tomate, quitar las pepitas y cortarlo en daditos. Cortar las uvas en trozos grandes.
En un cuenco pequeño, mezclar 3 cucharadas de aceite de oliva con el ajo picado. Utilizar un poco de este aceite para engrasar los moldes para magdalenas.

2 cortar

Cortar un disco con el cortapastas en cada rebanada de pan. Disponer estos discos en los moldes para magdalenas aplastándolos bien. Untarlos con el resto de aceite perfumado y dorarlos en el horno durante 10 minutos.

3 cocinar

Calentar la última cucharada de aceite en una sartén pequeña y saltear la cebolla y el tomate 1 minuto. Añadir la morcilla y las uvas, bajar el fuego y cocinar de 7 a 8 minutos. Salpimentar. Preparar los huevos de codorniz. Para huevos escalfados, ponerlos uno a uno en una cuchara y meterlos en una pequeña cantidad de agua hirviendo. Cocerlos 1 minuto y medio, refrescar con agua fría y pelar. Para huevos fritos, cascarlos sobre aceite abundante y caliente, y freír 30 segundos. Sacar las tartaletas del horno, desmoldarlas sobre una fuente de servicio y rellenarlas con la morcilla. Encima, poner un huevo frito o escalfado.

PARA 18 BOCADITOS
25 min.
de preparación
25 min. de cocción
DIFÍCIL

Bocaditos de manchego con membrillo

Del colmado
60 g de mantequilla más un poco para la placa
60 g de harina
2 huevos a temperatura ambiente.
50 g de manchego
50 g de carne de membrillo
sal, pimienta

Material
manga pastelera

1 preparar

Precalentar el horno a 200 °C. Engrasar una placa de cocción. Rallar el manchego. Cortar la carne de membrillo en daditos. Tamizar la harina.

2 mezclar

En una olla, poner 12,5 cl de agua, la mantequilla y una pizca de sal. En cuanto la mezcla hierva, retirar la olla del fuego. Verter la harina de una sola vez y mezclar con fuerza para obtener una masa homogénea que se despegue de las paredes. Volver a poner la olla al fuego para eliminar la humedad de la masa antes de pasarla a un recipiente. Para conseguir unos bocaditos ligeros y esponjosos hay que incorporar el resto de ingredientes muy rápidamente y justo antes hornear. Añadir, primero, la mitad de los huevos batidos y 20 g de manchego trabajando vigorosamente la mezcla con el batidor, después incorporar el resto de los ingredientes (reservar 10 g de manchego) sin dejar de batir con energía.

3 hornear

Pasar la masa a una manga pastelera y formar sobre la placa 12 bocaditos, dejando espacio entre ellos para que puedan inflarse. Espolvorear el resto de queso por encima. Hornear a media altura durante unos 20 minutos, sin abrir el horno (el vapor ayudará a que se hinchen). Cuando estén bien dorados, sacarlos y ponerlos en una fuente con la carne de membrillo. Servir templados.

tapas vegetarianas

PARA 6 PEQUEÑAS PORCIONES
10 min.
de preparación
2 h de marinado
25 min. de cocción
MUY FÁCIL

Champiñones marinados al limón y canela

De la verdulería
250 g de champiñones
el zumo de 1 limón
3 dientes de ajo
1 guindilla roja seca

Del colmado
10 cl de aceite de oliva virgen extra
1 ramita de canela (de unos 6 cm)
½ cdta. de sal
1 cda. de azúcar extrafino

Material
6 brochetas de madera o palillos

1 limpiar

Limpiar con cuidado los champiñones frotándolos con papel absorbente (sobre todo, no lavar). Cortarlos por la mitad o en cuartos según su tamaño.

2 cocinar

Mezclar en una olla el zumo de limón, el aceite de oliva, los dientes de ajo pelados, la canela, la guindilla, la sal y el azúcar. Añadir 12,5 cl de agua, llevar a ebullición y dejar hervir durante 5 minutos. Añadir los champiñones y cocinar 10 minutos más.

3 marinar

Pasarlo todo a una fuente y dejar enfriar la mezcla a temperatura ambiente. Después, marinar 2 horas, como mínimo, en el frigorífico.
En el momento de servir, sacar los champiñones del adobo y presentar en un cuenco pequeño con brochetas de madera.

PARA 36 PIEZAS

15 min. de preparación

5 min. de cocción

MUY FÁCIL

Pimientos de Padrón rellenos de queso de cabra

De la verdulería
18 pimientos de Padrón
2 cdas. de menta fresca

De la charcutería
80 g de queso de cabra curado

Del colmado
1 cda. de miel líquida
sal, pimienta negra recién molida

Material
papel sulfurizado

1 preparar

Precalentar el horno a 220 °C. Cortar los pimientos por la mitad y retirar las pepitas. Picar la menta. Poner los pimientos en una sola capa sobre una placa de horno forrada con papel sulfurizado.

2 triturar

Triturar el queso de cabra con la miel y la menta, salpimentar al gusto.

3 rellenar

Rellenar cada mitad de pimiento con 1 cucharadita de queso desmigado, aplastándolo un poco. Hornear durante 5 minutos. Servir caliente.

PARA 6 PORCIONES

20 min.
de preparación

MUY FÁCIL

Gazpacho clásico de tomate

De la verdulería
1 diente de ajo
1 guindilla verde
600 g de tomates muy maduros

Del colmado
15 g (1 rebanada fina) de pan duro
2 pimientos del piquillo en conserva
4 cdas. de aceite de oliva
1 cda. de vinagre de vino tinto
½ cdta. de comino en polvo
sal, pimienta

Material
maja y mortero y/o picadora

1 preparar

Pelar el diente de ajo. Picar la guindilla verde quitándole las pepitas. Pelar y cortar los tomates en dados, quitándoles las pepitas. Poner el pan en remojo en un cuenco de agua 5 minutos y escurrir.

2 machacar

En un mortero, machacar el ajo, la guindilla verde y una pizca de sal, hasta conseguir una pasta espesa.

3 triturar

Triturar los tomates con los pimientos del piquillo, el pan y la pasta de guindilla verde. Cuando la mezcla esté homogénea, verter el aceite de oliva en un chorro continuo, sin dejar de triturar, después añadir el vinagre y el comino. Salpimentar al gusto. Añadir, por último, 10 cl de agua y cubitos de hielo. Triturar de nuevo. Servir el gazpacho en dos vasos, sazonar con una pizca de comino molido y añadir un chorrito de aceite de oliva.

PARA 6 PORCIONES

15 min.
de preparación
40 min. de cocción

FÁCIL

Patatas bravas

De la verdulería
500 g de patatas harinosas
2 dientes de ajo
500 g de tomates

Del colmado
1 cda. de sal gorda
10 cl de aceite de oliva más 2 cdas. para la salsa
1 cda. de concentrado de tomate
1 cda. de azúcar extrafino
½ cdta. de vinagre de jerez
Tabasco
sal, pimienta

Material
colador
picadora (optativo)
brochetas de madera

1 preparar

Pelar las patatas, o, si se prefiere, conservar la piel (en ese caso, lavar bien). Poner las patatas en una olla, cubrirlas de agua, salpimentar y cocerlas 25 minutos. Para comprobar la cocción, pincharlas con la punta de un cuchillo. Escurrirlas y dejarlas enfriar. Pelar y aplastar los dientes de ajo. Pelar y cortar los tomates en trozos.

2 triturar

Mientras las patatas se cuecen, preparar la salsa de tomate. Calentar las 2 cucharadas de aceite, saltear el ajo 1 minuto y, después, añadir los tomates, el concentrado de tomate, el azúcar y un poco de sal. Reducir la salsa durante unos 10 minutos para que el agua se evapore. Salpimentar. Si se prefiere una salsa fina, triturarla. Añadir, por último, el vinagre y unas gotas de Tabasco (al gusto). Conservar la salsa caliente en un cazo a fuego lento.

3 cocinar

Pelar las patatas y cortarlas en dados. Calentar 10 cl de aceite de oliva en una sartén grande, añadir las patatas y freír de 10 a 15 minutos volviéndolas a menudo para que se doren por todas las caras. Escurrirlas sobre papel absorbente y presentar en una fuente. Cubrir con salsa de tomate y servir muy caliente con palillos.

PARA 6 PORCIONES

10 min. de preparación

1 h de remojo

25 min. de cocción

FÁCIL

Berenjenas asadas con salsa romesco

De la verdulería
2 ñoras
3 tomates pelados
4 dientes de ajo
2 berenjenas

Del colmado
1 rebanada de pan torrado
3 pimientos del piquillo en conserva
75 g de almendras
2 cdtas. de vinagre de jerez
aceite de oliva
sal, pimienta

Para acompañar
6 rebanadas de pan

Material
picadora
plancha

1 preparar

Poner en remojo las ñoras durante 1 hora en un cuenco pequeño con agua caliente. Pelar los tomates, cortarlos por la mitad y quitarles las pepitas. Pelar y picar 1 diente de ajo. Cortar las berenjenas en rodajas. Cortar el pan en dados. Escurrir y picar las ñoras. Precalentar el horno a 150 ºC. Disponer sobre una placa de horno los tomates (con la cara del corte hacia arriba), los 3 dientes de ajo sin pelar, las almendras y los dados de pan. Dorar en el horno durante 25 minutos.

2 triturar

Cuando los tomates y los dientes de ajo estén templados, pelarlos y ponerlos en el vaso de una picadora con las almendras, los dados de pan, los piquillos, las ñoras y el vinagre. Triturar. Cuando la pasta quede homogénea, verter 2 cucharadas de aceite de oliva en chorro continuo, sin dejar de triturar. Si la salsa queda demasiado espesa, añadir un poco de aceite.

3 extender

Untar las rodajas de berenjena con un poco de aceite mezclado con el ajo triturado, y asarlas en una plancha bien caliente. Salpimentar. Extender la salsa romesco por encima y presentar en una fuente.

PARA 12 PORCIONES

15 min.
de preparación

30 min. de cocción

FÁCIL

Alcachofas marinadas

De la verdulería
1 limón
12 alcachofas violeta
2 tomates pelados
3 dientes de ajo pelados
1 hoja de laurel
1 rama de tomillo fresco

Del colmado
2 cdas. de vinagre de jerez
25 cl de jerez seco
10 cl de aceite de oliva virgen extra
1 cda. de azúcar extrafino
sal, pimienta

Material
exprimidor
papel sulfurizado

1 cortar

Cortar el limón por la mitad. Pelar, quitar las pepitas y cortar los tomates en trozos.

2 preparar

Exprimir el zumo de una de las mitades de limón y echarlo en una fuente de cristal, llena de agua fría. Preparar las alcachofas. Cortar el tallo a 5 cm de la base. Quitar las hojas exteriores más duras. Con un cuchillo, retirar las fibras del tallo y rascar la base para quitar los trozos de hojas que queden colgadas. Cortar la punta de las hojas y meterlas en agua después de frotarlas con la otra mitad de limón.

3 cocinar

Poner el resto de ingredientes en una olla de fondo grueso, llevar a ebullición y añadir las alcachofas (la olla no deber ser demasiado grande para que las alcachofas se mantengan en su sitio, bien apretadas). Cubrirlas con una hoja de papel sulfurizado (pero sobre todo no con una tapadera), dejar hervir y reducir 10 minutos. Darles la vuelta y seguir cocinando de 10 a 15 minutos, tapadas. Apartar la olla del fuego, salpimentar y dejar enfriar las alcachofas en su jugo de cocción. Servir tibias.

PARA 12 PEQUEÑAS PORCIONES

20 min.
de preparación

1 h de refrigeración

6 min. de cocción

FÁCIL

Salmorejo

De la verdulería
3 dientes de ajo picados
6 tomates muy maduros

Del colmado
100 g de pan duro muy seco
3 huevos no demasiado grandes
1 cda. de vinagre de jerez
25 cl de aceite de oliva
sal
pimienta

Para acompañar
3 lonchas de jamón serrano (optativo)

Material
maja y mortero
batidora

1 preparar

Poner el pan durante 5 minutos en 12,5 cl de agua. Pelar los dientes de ajo. Escaldar los tomates unos instantes y refrescarlos en un cuenco de agua fría con cubitos. Quitarles la piel, cortarlos por la mitad y quitar las pepitas. Poner los huevos en un cazo pequeño, cubrirlos con agua fría y cocer 6 minutos después de que el agua rompa a hervir. Refrescarlos bajo el grifo y pelar. Picar finos 2 huevos y reservar.

2 machacar

Mientras tanto, machacar el ajo con ½ cucharadita de sal en un mortero.

3 batir

En la batidora, triturar el pan con el huevo restante y el ajo picado. Añadir los tomates, seguir triturando (la piel de los tomates debe quedar totalmente triturada), salpimentar al gusto. Agregar el vinagre, mezclar y verter el aceite, cucharada a cucharada, sin dejar de mezclar hasta obtener una crema untuosa. Reservar 1 hora en la parte más fría del frigorífico. Echar un chorrito de aceite de oliva y servir con los huevos picados y, si se quiere, con tiras de jamón.

PARA 18 ROLLITOS
20 min.
de preparación
1 h de refrigeración
20 min. de cocción
FÁCIL

Rollitos de pimientos con hierbas, alcaparras y piñones

De la verdulería
6 pimientos rojos
3 cdas. de perejil
2 cdas. de cebollino
2 cdas. de menta
la ralldura de 1 limón
50 g de alcaparras

Del colmado
50 g de piñones tostados
2 cdas. de aceite de oliva
sal, pimienta

Material
batidora o picadora
brochetas o palillos

1 preparar

Precalentar el grill del horno. Cocinar los pimientos durante 20 minutos dándoles la vuelta a menudo. Cuando la piel empiece a ennegrecerse, sacarlos del horno y dejar enfriar 1 hora.

2 triturar

Poner las hierbas, la ralladura de limón, las alcaparras y los piñones en el vaso de la batidora. Apretar tres veces para picar la mezcla toscamente. Verter entonces el aceite de oliva, y salpimentar. Apretar otras dos veces. Pasar todo a un bol y rectificar el punto de sazón.

3 enrollar

Pelar los pimientos y quitarles las pepitas. Poner 1 cucharada del jugo que suelten en la pasta de las alcaparras. Cortar cada pimiento en 3 tiras, extender por encima un poco de la mezcla de alcaparras y enrollar. Sujetar los rollitos con palillos, aliñar con un chorrito de aceite de oliva y servir.

PARA 6 PORCIONES

20 min.
de preparación
1 h de refrigeración
30 min. de cocción
FÁCIL

Ensalada de pimientos y tomates con salsa de azafrán

De la verdulería
2 pimientos rojos, 2 pimientos amarillos y 2 pimientos verdes
2 tomates muy maduros
2 cebolletas
1 huevo duro

Del colmado
2 cdas. de mayonesa al azafrán (ver p. 110)
sal, pimienta

Material
papel film

1 asar

Precalentar el grill del horno al máximo y asar los pimientos durante 30 minutos, dándoles la vuelta varias veces. Cuando la piel esté totalmente negra, poner los pimientos en una fuente, tapar con papel film y dejar enfriar 1 hora.

2 preparar

Pelar los pimientos, quitar las pepitas y cortar la carne en tiras finas. Pelar los tomates, quitar las pepitas y cortarlos en daditos. Picar finas las cebolletas. Pelar el huevo duro y picarlo finamente.

3 juntar

Poner los pimientos en un cuenco con los tomates y las cebolletas. Salpimentar. Añadir la mayonesa al azafrán mezclando con cuidado; agregar, por último, el huevo duro y volver a mezclar. Dejar reposar 15 minutos para que los sabores se mezclen. Después servir.

PARA 6 PORCIONES

20 min. de preparación
5 min. de cocción

FÁCIL

Ensalada fresca de tomates, pepinos y tostones

De la verdulería
1 diente de ajo grande
3 tomates
200 g de pepino
2 pimientos del piquillo
2 cdas. de alcaparras
2 cdas. de perejil

Del colmado
30 g (1 rebanada) de pan seco
2 cdas. de aceite de oliva y un poco más para aliñar
2 cdtas. de vinagre de jerez
sal, pimienta

1 preparar

Pelar y triturar el diente de ajo. Pelar, quitar las pepitas y cortar los tomates en daditos. Hacer lo mismo con el pepino. Secar y picar finos los pimientos. Picar también las alcaparras. Cortar el pan en daditos.

2 cocinar

Calentar el aceite de oliva en una sartén caliente, después saltear los dados de pan durante 2 o 3 minutos. Añadir el ajo y saltear unos segundos más al fuego. Hay que procurar que el ajo no se queme, pues amargaría la ensalada.

3 mezclar

Mezclar en una fuente los tomates, el pepino, los pimientos, las alcaparras y el perejil. Salpimentar. Añadir el vinagre y el resto del aceite. Mezclar. Incorporar por último los tostones, remover una vez más y servir enseguida para que el pan siga crujiente.

PARA 12-15 EMPANADILLAS

30 min. de preparación

40 min. de reposo

20 min. de cocción

DIFÍCIL

Empanadillas de espinacas, pasas y piñones

De la verdulería
2 cebollas
200 g de brotes de espinacas

Del colmado
15 g de levadura fresca
3 cdas. de leche tibia
2 cdtas. de azúcar extrafino
1 huevo entero más 1 yema
250 g de harina
7,5 cl de aceite de oliva más 2 cdas. para la cocción
5 cl de vino blanco
30 g de pasas
2 cdas. de jerez seco
40 g de piñones
sal

Material
colador
papel sulfurizado
papel film

1 preparar

Desmenuzar la levadura en un cuenco, añadir la leche y ½ cucharadita de azúcar. Mezclar y dejar leudar 10 minutos. Batir los huevos en un cuenco. Picar las cebollas. Dejar en remojo las pasas en el jerez. Tamizar la harina, ½ cucharadita de azúcar y ½ cucharadita de sal. Formar un pozo, verter el aceite de oliva, el huevo, el vino y la levadura. Mezclar para formar una masa compacta. Trabajarla durante 10 minutos en la superficie de trabajo: debe quedar lisa y elástica. Ponerla en una fuente, cubrir con papel film y dejar reposar 30 minutos.

2 cocinar

Calentar 2 cucharadas de aceite en una sartén, añadir las cebollas y el azúcar restante, salar ligeramente, tapar y dejar cocinar 10 minutos, removiendo de vez en cuando. Incorporar las pasas con el jerez, remover 1 minuto sobre el fuego y dejar enfriar en un recipiente aparte. Volver a poner la sartén a fuego fuerte y saltear las espinacas en dos tandas, 1 minuto cada vez y removiendo constantemente. Ponerlas a enfriar sobre un colador. Cuando estén tibias, presionarlas bien con las manos para eliminar la mayor cantidad de agua posible, después picarlas finamente. Mezclarlas con las cebollas y añadir los piñones. Salpimentar.

3 hornear

Precalentar el horno a 200 °C. Presionar la masa con el puño para que se desinfle. Cortar porciones pequeñas del tamaño de una ciruela y formar discos de 9 cm de diámetro. Poner una cucharada de relleno en medio, pintar los bordes con agua y cerrar las empanadillas en media luna. Aplastar los bordes con un tenedor. Poner las empanadillas sobre una placa de horno forrada con papel sulfurizado. Pintarlas con la yema de huevo batida, hornearlas de 10 a 12 minutos. Servir calientes.

PARA 12-14 CANAPÉS

20 min. de preparación

5 min. de cocción

DIFÍCIL

Ensaladilla rusa con mayonesa de ajo

De la verdulería
1 patata nueva
1 zanahoria cortada
1 nabo cortado
50 g de guisantes
50 g de puntas de espárragos trigueros
50 g de coliflor
1 diente pequeño de ajo

Del colmado
2 cdas. de pepinillos
10 olivas verdes rellenas de pimiento
3 cdas. de mayonesa (aproximadamente)
sal, pimienta

De la panadería
12 rebanadas de pan

Material
colador
maja y mortero

1 preparar

Pelar la patata nueva y cortarla en daditos. Cortar también la zanahoria y el nabo en daditos. Cortar las puntas de espárragos en trozos. Cortar la coliflor en trocitos. Pelar y picar los dientes de ajo. Picar también los pepinillos. Cortar las olivas verdes en rodajas finas. Tostar las rebanadas de pan.

2 cocinar

Cocer la patata, la zanahoria y el nabo 3 minutos en agua hirviendo con sal. Añadir los guisantes, las puntas de espárragos y la coliflor, dejar 2 minutos más al fuego y después escurrir todas las verduras. Dejarlas enfriar sobre una fuente.

3 juntar

Triturar el ajo con una pizca de sal en un mortero. Mezclar la mayonesa y los pepinillos picados. Cuando las verduras estén frías, añadir a la ensaladera el ajo picado y la mayonesa. Salpimentar. Mezclar con cuidado procurando no aplastar las verduras. Se puede guardar 1 día. Cuando se vaya a servir, repartirla sobre las rebanadas de pan tostado y adornar con las olivas cortadas en rodajas.

tapas del mar

PARA 12 BOQUERONES
10 min.
de preparación
2 a 4 h de adobo
MUY FÁCIL

Boquerones en vinagre caseros

De la pescadería
12 boquerones frescos

De la verdulería
1 diente de ajo
2 cebolletas
2 cdas. de perejil picado

Del colmado
6 cl de vinagre de vino blanco
2 cdas. de aceite de oliva
2 cdas. de sal

1 preparar

Limpiar los boquerones y prepararlos en filetes. Pelar y picar el diente de ajo y las cebollas.

2 marinar

Poner los boquerones en una fuente poco profunda de cristal o de porcelana. Salar y rociar con vinagre. Dejar marinar de 2 a 4 h en frío.

3 servir

Cuando la carne de los boquerones esté blanca y cocida en el vinagre, aclararlos con agua corriente y secarlos con papel absorbente. Ponerlos en una fuente con el ajo, las cebolletas, el perejil y el aceite de oliva.

PARA 6 PEQUEÑAS PORCIONES

5 min. de preparación

10 min. de cocción

MUY FÁCIL

Vieiras salteadas con chorizo a la salsa de naranja

De la pescadería
6 vieiras frescas, preparadas por el pescadero

De la carnicería
80 g de chorizo para cocinar

De la verdulería
1 diente de ajo aplastado
1 naranja

Material
exprimidor

1 preparar

Lavar las vieiras y cortar el chorizo en rodajas finas.

2 exprimir

Rallar la piel de un cuarto de la naranja, aproximadamente, antes de exprimirla para conseguir 10 cl de zumo.

3 cocinar

Calentar una sartén grande antiadherente. Cuando alcance la temperatura adecuada, freír el chorizo hasta que empiece a soltar un poco de grasa. Entonces, añadir las vieiras y saltearlas 1 minuto por cada lado. Poner el ajo, la ralladura y el zumo de naranja, y mezclar bien. Cocinar las vieiras 3 o 4 minutos por cada lado (la salsa debe espesarse ligeramente). Vigilar bien la cocción para no cocinar las vieiras en exceso.

PARA 6 PERSONAS

15 min.
de preparación

MUY FÁCIL

Mejillones en escabeche

De la verdulería
la piel de 1 limón
2 cdas. de perejil picado

Del colmado
10 olivas rellenas de pimiento
2 latas de mejillones en escabeche
pimienta negra recién molida

Para acompañar
6 a 12 rebanadas de pan

1 preparar

Rallar fina la piel de limón. Cortar las olivas en trocitos. Tostar las rebanadas de pan.

2 escurrir

Abrir las conservas de mejillones y quitar la mayor parte de jugo posible.

3 mezclar

Mezclar los mejillones escurridos con las olivas, el perejil, la ralladura de limón y la pimienta. Repartir esta mezcla sobre las rebanadas de pan y servir.

PARA 18 TIRABEQUES
15 min. de preparación
10 min. de cocción
FÁCIL

Tirabeques rellenos de cangrejo, espárragos y pimentón

De la pescadería
100 g de carne de cangrejo (recién cocido, mejor que cangrejo en conserva)

De la verdulería
100 g de espárragos trigueros, solo las puntas
1 limón
18 tirabeques

Del colmado
2-3 cdas. de mayonesa
pimentón picante
sal, pimienta

Material
espumadera
exprimidor

1 preparar

Pelar con cuidado las puntas de espárragos para quitarles las fibras. Rallar finamente la piel del limón y luego exprimirlo.

2 cocer

Blanquear las puntas de espárragos durante unos minutos en agua hirviendo con sal. Pincharlos con la punta de un cuchillo para comprobar si están hechos, y sacarlos del agua con una espumadera, pasarlos bajo el grifo para refrescarlos y dejar que se escurran. Cocer en la misma agua los tirabeques, durante 1 minuto, antes de escurrirlos.

3 rellenar

Picar finas las puntas de espárragos tibias y mezclarlas con la carne de cangrejo desmenuzada, la mayonesa, la piel y el zumo de limón. Salpimentar al gusto. Abrir los tirabeques y rellenarlos con la mezcla. Espolvorear el pimentón por encima y presentar en una fuente.

PARA 6 PEQUEÑAS PORCIONES
10 min. de preparación
30 min. de remojo
8 min. de cocción
FÁCIL

Almejas con jamón serrano al jerez

De la pescadería
600 g de almejas frescas

De la carnicería
35 g de jamón serrano

De la verdulería
2 dientes de ajo
1 guindilla pequeña verde o roja
3 cdas. de perejil picado

Del colmado
2 cdas. de aceite de oliva
100 g de jerez seco
2 cdas. de concentrado de tomate
sal, pimienta

Material
escurridor
colador fino

1 preparar

Lavar las almejas en agua abundante, desechar todas las que estén abiertas o con la concha rota, y limpiar las restantes con agua fresca. Pelar y picar los dientes de ajo. Picar finamente el jamón serrano.

2 cocer

Calentar a fuego fuerte una sartén mediana (25 cm de diámetro). Añadir las almejas escurridas, cubrir y dejar cocer durante unos 3 minutos, agitando con fuerza la sartén. Pasar las almejas al escurridor (guardar después en caliente); verter el jugo de la cocción por un colador fino y reservar.

3 juntar

Lavar la sartén y calentarla de nuevo a fuego medio. Echar aceite para saltear el ajo y la guindilla durante 1 minuto. Añadir el jerez y el concentrado de tomate, remover y cocinar 2 minutos a fuego fuerte. Cuando la salsa se haya reducido, incorporar las almejas, el jamón, el perejil y 2 cucharadas del jugo de la cocción de las almejas. Volver a calentar todo durante 1 minuto, mezclando bien las almejas con la salsa. Sazonar con pimienta. Servir inmediatamente.

PARA 4 PERSONAS

20 min.
de preparación

12 h de remojo

2 h de cocción

FÁCIL

Ventresca de atún con garbanzos

De la pescadería
250 g de ventresca de atún en aceite de oliva

De la verdulería
80 g de garbanzos
1 cebolla
2 tomates
1 pimiento rojo
1 pimiento verde
2 dientes de ajo

Del colmado
4 cdtas. de aceite de oliva
½ cdta. de semillas de cilantro
1 cdta. de pimentón picante
1 cda. de vinagre de jerez
sal, pimienta

Material
papel film
maja y mortero

1 preparar

Si se usan garbanzos secos, ponerlos en remojo durante toda la noche anterior en una fuente llena de agua. Pelar y cortar la cebolla en rodajas muy finas. Escaldar los tomates unos instantes y refrescarlos en un cuenco de agua fría. Pelarlos y cortarlos en rodajas finas. Escurrir y desmigar el atún.

2 cocer

Escurrir los garbanzos y ponerlos en una olla mediana. Cubrirlos con agua abundante, llevar a ebullición y dejar que hiervan 10 minutos. Eliminar la espuma de la superficie, bajar el fuego y dejar hervir durante 1 hora y media más o menos. Mientras tanto, asar los pimientos en el horno durante 30 minutos, dándoles la vuelta varias veces. Mezclar la cebolla troceada con 1 cucharadita de aceite y agregarla a la fuente de los pimientos. Cocinar 10 minutos más. Las cebollas deben tostarse ligeramente e impregnarse con el jugo de cocción de los pimientos. Sacar las verduras del horno, dejar enfriar las cebollas en una fuente y entibiar los pimientos en un recipiente cubierto de papel film.

3 mezclar

Machacar en un mortero el ajo, las semillas de cilantro y el pimentón con una pizca generosa de sal. Cuando se forme una pasta, incorporar progresivamente el resto del aceite de oliva. Escurrir los garbanzos y refrescarlos bajo el grifo. Pelar los pimientos y cortarlos en tiras después de haberles quitado las semillas. Poner en una fuente los pimientos y los garbanzos bien escurridos, añadir los tomates, la cebolla y la ventresca de atún. Verter el aceite aromatizado y remover con cuidado. Salpimentar al gusto. Verter el vinagre poco a poco y volver a mezclar. Servir sin esperar.

PARA 6 PORCIONES

20 min.
de preparación
24 h de marinada
15 min. de cocción
FÁCIL

Sardinas en escabeche

De la pescadería
6 sardinas medianas

De la verdulería
½ cebolla picada
½ zanahoria
2 dientes de ajo
2 ramitas de tomillo fresco
3 rodajas de limón
1 hoja de laurel

Del colmado
2 cdas. de harina
5 cl de vinagre de vino tinto
10 cl de vino blanco
1 cdta. de concentrado de tomate
½ cdta. de semillas de cilantro
15 granos de pimienta negra
10 cl de aceite de oliva más 1 cda. para cocinar

1 preparar

Limpiar las sardinas: hacer un corte en un lado, sacar las tripas, limpiar con agua corriente y secar con papel absorbente. Cortar las cabezas, si se prefiere. Pelar la cebolla y la zanahoria y picarlas finas.

2 cocer

En una cazuela, poner el vinagre, el vino, la cebolla, la zanahoria, el ajo, el tomillo, las rodajas de limón, el laurel, el concentrado de tomate, las semillas de cilantro, la pimienta y 10 cl de aceite de oliva. Mezclar bien y llevar a ebullición. En cuanto rompa a hervir, bajar el fuego y cocinar durante 10 minutos. Calentar 1 cucharada de aceite de oliva en una sartén grande (25 cm de diámetro). Echar la harina sobre un plato grande, y enharinar las sardinas antes de freírlas en la sartén durante 4 o 5 minutos. Volverlas a mitad de cocción con ayuda de dos espátulas para no romperlas.

3 marinar

Disponer las sardinas en una fuente de cristal. Verter el adobo caliente por encima y dejar enfriar a temperatura ambiente. Guardar en el frigorífico y dejar marinar 24 horas.

PARA 6 PEQUEÑAS PORCIONES

10 min. de preparación

1 h + 2 h de reposo

30 min. de cocción

FÁCIL

Angulas con pimientos rojos, ajo y limón

De la pescadería

2 latas pequeñas (de 115 g cada una) de angulas en aceite

De la verdulería

1 diente de ajo
2 pimientos rojos
2 cdtas. de zumo de limón
la ralladura de ½ limón

Del colmado

1 cda. de aceite de oliva
sal, pimienta

Material

papel film

1 preparar

Pelar y picar el diente de ajo. Precalentar el grill al máximo para asar los pimientos durante 30 minutos. Darles la vuelta varias veces y sacarlos cuando la piel esté bien asada y empiecen a formarse ampollas.

2 enfriar

Poner los pimientos en una fuente, cubrir con papel film y dejar durante 1 hora. Cuando estén fríos y se puedan manipular, pelarlos y cortarlos en tiras finas y quitarles las pepitas. Ponerlos en una fuente.

3 marinar

Escurrir las angulas y añadirlas a los pimientos. Añadir también el ajo, el aceite de oliva, el zumo y la piel de limón. Remover con cuidado y dejar 2 horas en el frigorífico. Salpimentar antes de servir.

PARA 6 PORCIONES

30 min. de preparación

30 min. de reposo

50 min. de cocción

FÁCIL

Empanada de sardinas y cebollas

De la pescadería
1 sardina grande sin espinas y preparada en filetes o 2 sardinas en aceite

De la verdulería
2 cebollas
1 tomate

Del colmado
15 g de levadura fresca
2 cdas. de leche tibia un poco más para dorar
1 ½ cdta. de azúcar extrafino
1 huevo entero más 1 yema para dorar
2 pimientos del piquillo en conserva
250 g de harina
7,5 c de aceite de oliva más 1 cda. para el relleno
5 cl de vino blanco
sal, pimienta

Material
papel film
papel sulfurizado

1 preparar

Desmenuzar la levadura en un cuenco, añadir la leche templada y ½ cucharadita de azúcar. Batir con el tenedor y dejar reposar 10 minutos. La mezcla debe espumar. Cascar el huevo entero en un cuenco y batir ligeramente. Pelar las cebollas, partirlas por la mitad y cortarlas en rodajas finas. Pelar el tomate, quitarle las pepitas y cortarlo en daditos. Escurrir y picar los pimientos. Cortar las sardinas en trocitos.

2 amasar

Tamizar la harina en una fuente, añadir ½ cucharadita de sal y ½ cucharadita de azúcar. Formar un pozo en el centro. Verter el aceite de oliva, el huevo batido, el vino y la levadura. Trabajar la mezcla a mano para conseguir una masa homogénea. Amasarla 10 minutos sobre la superficie de trabajo hasta que esté flexible y sea fácil de extender. Formar una bola y ponerla en una ensaladera, cubrir con papel film y dejar reposar 30 minutos.

3 hornear

Calentar el aceite en una sartén y saltear las cebollas y el tomate 2 minutos. Añadir el resto de azúcar y sal. Cubrir, bajar el fuego y dejar reducir 25 minutos. Añadir las sardinas, dejar cocinar 1 minuto y apartar del fuego. Añadir los pimientos. Precalentar el horno a 200 °C. Dividir la masa en dos partes (reservar un poco). Extenderla formando dos discos de 20 cm de diámetro. Ponerlos sobre una hoja de papel sulfurizado. Repartir el relleno por encima, dejando un borde. Cubrir con el segundo disco y sellar los bordes pellizcándolos. Con el resto de la masa, decorar la empanada. Batir la yema de huevo con la leche restante y pintar la empanada. Hornear durante 25 minutos. Servir caliente en porciones.

PARA 4 PORCIONES
20 min. de preparación
30 min. de remojo
50 min. de cocción
FÁCIL

Mejillones con tomate y azafrán

De la pescadería
600 g de mejillones

De la verdulería
750 g de tomates
2 dientes de ajo

Del colmado
2 cdas. de concentrado de tomate
1 cdta. de azúcar extrafino
2 pizcas de hilos de azafrán
1 cda. de aceite de oliva
sal, pimienta

Material
colador

1 preparar

Precalentar el horno a 170 °C. Pelar los tomates, quitarles las pepitas y cortarlos en daditos. Pelar y picar los dientes de ajo. Mezclar todos los ingredientes (excepto los mejillones) en una fuente rectangular, salar a gusto, después hornear durante 45 minutos.

2 cocer

Rascar y limpiar los mejillones, después dejarlos en remojo en una fuente con agua durante 30 minutos. Calentar agua en una olla grande a fuego fuerte. Añadir los mejillones, tapar y cocer 3 minutos, moviendo la olla enérgicamente. Escurrir los mejillones en un colador y reservar el jugo de la cocción.

3 mezclar

Lavar la olla antes de volver a ponerla al fuego. Añadir la salsa de tomate y azafrán, y dejar reducir 1 minuto a fuego vivo. Poner los mejillones en la olla con 2 cucharadas del líquido de la cocción, y dejar 2 minutos más a fuego fuerte removiendo a menudo para que los mejillones se mezclen con la salsa. Servir caliente.

PARA 6 PORCIONES

15 min. de preparación

30 min. de remojo

5 min. de cocción

FÁCIL

Mejillones con pimientos del piquillo y anchoas

De la pescadería
600 g de mejillones

De la verdulería
3 cebolletas
1 diente de ajo

Del colmado
2 filetes de anchoas en aceite
2 pimientos del piquillo en conserva
1 cda. de vinagre de vino tinto
4 o 5 cdas. de aceite de oliva
pimienta

Material
colador

1 preparar

Rascar y limpiar los mejillones, después ponerlos en una fuente con agua durante 30 minutos. Calentar a fuego fuerte una olla grande con agua antes de añadir los mejillones. Tapar y cocer de 3-4 minutos moviendo a menudo la olla. Escurrir los mejillones sobre un colador y dejar que se enfríen a temperatura ambiente.

2 mezclar

Pelar y picar las cebolletas y el ajo. Escurrir y picar las anchoas. Picar los pimientos. Para la vinagreta, mezclar en un cuenco las cebolletas, los pimientos del piquillo, el ajo, las anchoas y el vinagre. Verter el aceite en un chorro fino, sin dejar de mezclar hasta que emulsione. Sazonar con pimienta al gusto (las anchoas ya están saladas). Dejar reposar a temperatura ambiente.

3 servir

Cuando los mejillones estén fríos, abrirlos. Desechar la cáscara de encima separándola con cuidado. Poner los mejillones en una sola capa sobre un plato grande y cubrir con la vinagreta. Servir enseguida.

PARA 12 CANAPÉS

15 min.
de preparación

2 min. de cocción

FÁCIL

Canapés de atún con salsa de olivas

De la pescadería
200 g de atún fresco

De la verdulería
2 tomates
100 g de olivas negras
1 diente pequeño de ajo
2 cdas. de perejil picado

Del colmado
1 cda. de alcaparras
3 cdas. de vinagre de jerez
1 cda. de azúcar extrafino
1 cda. de aceite de oliva
sal

De la panadería
12 rebanadas de baguette rústica

1 preparar

Pelar los tomates, quitar las pepitas y cortarlos en daditos. Deshuesar las olivas y cortarlas en trocitos. Aclarar y picar finamente las alcaparras. Pelar y picar el ajo.

2 juntar

En un cazo pequeño, verter el vinagre y el azúcar, llevar a ebullición y dejar reducir (debe quedar una cucharada de líquido). Dejar entibiar. Agregar la reducción a los tomates, las olivas, las alcaparras, el ajo y el perejil. Verter el aceite en un chorro fino. Reservar.

3 cocer

Calentar una sartén a fuego fuerte. Debe humear ligeramente. Salar moderadamente los filetes de atún antes de marcarlos con un poco de aceite, 1 minuto por cada lado, para que permanezcan rosados por el centro. Cortarlos en láminas finas, poner dos sobre cada rebanada de pan y añadir un poco de salsa de olivas. Disponer los canapés en una fuente y servir enseguida.

PARA 18 BUÑUELOS

10 min. de preparación

24 h + **10** min. de reposo

5 min. de cocción

FÁCIL

Buñuelos de bacalao

De la pescadería
250 g de bacalao en salazón

De la verdulería
50 g de cebolletas
1 guindilla verde
1 cda. de perejil picado

Del colmado
12,5 cl de leche
½ cdta. de bicarbonato de sodio
125 g de harina
1 yema de huevo
1,5 l de aceite de oliva para freír más 2 cdas. para los buñuelos

Para acompañar
salsa de tomate picante (ver p.54)

1 preparar

Desalar el bacalao durante 24 horas cambiando el agua tres o cuatro veces. Escurrirlo bien y quitarle la piel y las espinas. Desmenuzar y reservar. Picar las cebolletas y la guindilla.

2 mezclar

Mezclar la leche y el bicarbonato de sodio. En un cuenco, batir la harina con la yema de huevo y la leche hasta conseguir una masa bastante espesa. Añadir el bacalao, las cebolletas, la guindilla, el perejil y 2 cucharadas de aceite de oliva. Mezclar bien y dejar reposar 10 minutos.

3 freír

Verter el aceite para freír en una sartén profunda y calentar a 180 °C. Coger cucharaditas de la pasta de bacalao y freírlas en el aceite. Freír unos 3 o 4 minutos para que se doren bien. Escurrir sobre papel absorbente y servir calientes con la salsa de tomate picante.

PARA 12 CANAPÉS

10 min.
de preparación
1 h de reposo
30 min. de cocción
FÁCIL

Pimientos verdes asados con anchoas

De la pescadería
12 anchoas marinadas en aceite
12 boquerones en vinagre (véase p. 76)

De la verdulería
3 pimientos verdes

Del colmado
2 cdas. de aceite de oliva
4 cdas. de queso fresco para untar (al gusto)
sal, pimienta

De la panadería
12 rebanadas pequeñas de pan

Material
papel film

1 preparar

Precalentar el grill al máximo y asar los pimientos durante 30 minutos hasta que la piel se ennegrezca totalmente. Darles varias vueltas para que la cocción sea uniforme. Pasarlos a un recipiente, cubrir con papel film y dejar reposar durante 1 hora.

2 mezclar

Cuando los pimientos estén templados, pelarlos y cortarlos en tiras finas después de quitarles las pepitas. Ponerlos en una fuente. Salpimentar. Añadir el aceite de oliva, mezclar y reservar.

3 servir

Tostar el pan y untar el queso. Sazonar con bastante pimienta. Colocar sobre cada rebanada unas tiras de pimiento, 1 anchoa y 1 boquerón. Disponer en una fuente y servir de inmediato.

PARA 6 PORCIONES

25 min.
de preparación
20 min. de cocción

FÁCIL

Calamares en su tinta

De la pescadería
500 g de calamares limpios
4 bolsitas de tinta de calamar de 4 g cada una

De la verdulería
1 cebolla pequeña
1 diente de ajo
200 g de tomates
2 cdas. de perejil fresco picado

Del colmado
2 pimientos del piquillo en conserva.
3 cdas. de aceite de oliva
5 cl de jerez seco
sal, pimienta

Material
espumadera

1 preparar

Cortar los cuerpos de los calamares en anillos y las patas en trocitos. Limpiarlos bien y secarlos con papel absorbente. Pelar y picar la cebolla y el diente de ajo. Escurrir y picar los pimientos. Pelar los tomates, quitarles las pepitas y cortarlos en daditos.

2 saltear

Verter 1 cucharada de aceite en una sartén caliente (25 cm de diámetro) y saltear la cebolla 10 minutos a fuego suave. Cuando esté tierna, añadir los pimientos, el ajo y los dados de tomate. Cocinar 5 minutos más a fuego medio para que se evapore el agua de las verduras. Los tomates deben fundirse.

3 servir

Calentar el resto del aceite en otra sartén más grande y saltear los calamares 1 minuto a fuego fuerte. Sacarlos con una espumadera y ponerlos en la salsa de tomate; agregar el jerez. Cocinar 1 minuto a fuego medio, después añadir la tinta de calamar y 1 o 2 cucharadas de agua (la cantidad dependerá de la textura de la salsa, que debe quedar espesa). Reducir 2 minutos más antes de añadir el perejil. Salpimentar. Servir enseguida.

PARA 20 BOCADITOS

15 min. de preparación

15 min. de cocción

DIFÍCIL

Bocaditos de calabacín con cangrejo y jamón

De la pescadería
100 g de carne de cangrejo

De la charcutería
30 g de jamón serrano picado

De la verdulería
2 calabacines grandes
1 tomate
3 cebolletas
1 cdta. de cayena

Del colmado
1 cda. de aceite de oliva
½ cubito de caldo de pollo diluido en 2 cdas. de agua hirviendo
15 g de pan rallado
sal, pimienta

Material
sacabolas
papel de aluminio
brochetas o palillos

1 preparar

Cortar los calabacines por la mitad a lo largo, extraer la pulpa con un sacabolas y cortar las mitades de calabacín en 20 trocitos. Picar finamente la pulpa de los calabacines y reservar. Picar el jamón serrano. Pelar el tomate, quitarle las pepitas y cortarlo en dados. Pelar y picar las cebolletas.

2 cocer

Verter el aceite en una sartén caliente y dorar 1 minuto los trozos de calabacín. Añadir el tomate y el caldo de pollo, cubrir y cocinar 10 minutos. Los calabacines deben estar tiernos y ligeramente caramelizados; la salsa debe espesar. Sacarlos uno a uno de la sartén y ponerlos con la pulpa hacia arriba en una fuente. Cubrir con una hoja de papel de aluminio. Volver a calentar la salsa en la sartén para añadir la pulpa picada de los calabacines, las cebolletas y la cayena. Dejar cocinar 2 minutos a fuego medio. Incorporar el jamón serrano y la carne de cangrejo desmigada, volver a calentar 1 minuto y apartar la sartén del fuego.

3 rellenar

Salpimentar la preparación al gusto antes de añadir el pan rallado. Repartir esta mezcla en los trozos de calabacín y servir con palillos inmediatamente.

PARA 18 GAMBAS

25 min. de preparación

10 min. de cocción

DIFÍCIL

Gambas crujientes con mayonesa de ajo

De la pescadería
18 gambas crudas

De la verdulería
2 dientes de ajo

Del colmado
30 g de pan seco desmigado
o 30 g de pan rallado
1 huevo entero más 1 yema
1,5 l de aceite para freír
2 cdtas. de mostaza fuerte
13 cl de aceite de girasol
o de pepitas de uva
3 cdas. de aceite de oliva
½ cdta. de vinagre de jerez
sal, pimienta

Material
maja y mortero

1 preparar

Pelar los dientes de ajo y cortarlos en trocitos. Pelar las gambas, conservando la cola. Con la punta de un cuchillo, retirar el hilo negro del lomo. Desmigar el pan seco, si se usa. Si no, dorar el pan rallado en el horno durante unos minutos, bien extendido sobre la placa de cocción. Cascar el huevo entero en un cuenco y batirlo ligeramente.

2 montar

Triturar los dientes de ajo con ½ cucharadita de sal en un mortero hasta conseguir una pasta. Poner en un cuenco la yema de huevo, la mostaza y el ajo triturado, batir y dejar reposar 5 minutos. Verter el aceite de girasol, cucharada a cucharada, batiendo con suavidad. Tras incorporar la mitad del aceite, la mayonesa se espesará y aclarará. Seguir vertiendo el aceite en pequeñas cantidades y batir cada vez más fuerte. Acabar de echar el aceite de oliva, cucharada a cucharada, sin dejar de batir. Por último, verter el vinagre, salpimentar al gusto y guardar la mayonesa en frío.

3 freír

En una sartén grande, calentar el aceite para freír a 165 °C. Justo antes de cocinar las gambas, pasarlas por huevo batido y por el pan rallado, y freírlas en aceite caliente durante 2-3 minutos para que se hagan bien. Cocinar por tandas para que queden crujientes (si no, el aceite se enfría). Servir las gambas calientes con la mayonesa.

PARA 6 PEQUEÑAS PORCIONES

20 min. de preparación

5 min. de cocción

DIFÍCIL

Anillos de calamares fritos y mayonesa al azafrán

De la pescadería
2 calamares (500 g aproximadamente)

Del colmado
1 yema de huevo
1 cdta. de mostaza fuerte
15 hilos de azafrán
13 cl de aceite de girasol o de pepitas de uva
1,5 l de aceite de oliva más 3 cdas. para la cocción
½ cdta. de vinagre de jerez
60 g de sémola de maíz o de polenta
una pizca de cayena
sal, pimienta

1 preparar

Preparar los calamares. Cortar los cuerpos en anillas, y las patas en trozos. Lavar y secar bien con papel absorbente. Batir la yema de huevo en un cuenco con la mostaza, una pizca generosa de sal y el azafrán. Dejar reposar 5 minutos. Verter el aceite de girasol en un chorrito fino, mezclando suavemente con el batidor. Tras incorporar la mitad del aceite, la mayonesa debe espesarse y aclararse. Seguir añadiendo el aceite, batiendo más rápido para que espese. Acabar de echar el aceite de oliva. Añadir el vinagre y salpimentar.

2 empanar

Calentar el aceite a 180 °C en una sartén profunda. En una bolsa de congelados, mezclar la sémola o la polenta con ½ cdta. de sal, ½ cdta. de pimienta y la cayena. Añadir los trozos de calamares y remover bien.

3 freír

Freír los calamares en dos tandas, 2 minutos por cada lado, hasta que estén dorados y tiernos. Escurrir sobre papel absorbente y servir enseguida con la mayonesa de azafrán.

tapas de carne

PARA 18 CHAMPIÑONES

10 min. de preparación

10 min. de cocción

MUY FÁCIL

Champiñones rellenos de jamón serrano y pistachos

De la carnicería
50 g de jamón serrano cortado en trozos

De la verdulería
18 champiñones grandes para rellenar
12 chalotas

Del colmado
125 g de mantequilla blanda
50 g de pistachos pelados
sal, pimienta

Material
papel de aluminio
picadora

1 preparar

Precalentar el horno a 200 °C. Forrar una placa de horno con papel de aluminio. Limpiar los champiñones con papel absorbente (no lavar con agua), cortar los pies y desecharlos. Pelar y picar las chalotas.

2 triturar

Mezclar en la picadora la mantequilla, las chalotas, el jamón serrano y los pistachos hasta conseguir una crema casi lisa. Salpimentar.

3 rellenar

Rellenar los champiñones con esta preparación, ponerlos sobre la placa preparada y hornearlos durante 10 minutos. Servir muy calientes.

PARA 6 PORCIONES

5 min.
de preparación
15-20 min. de cocción

MUY FÁCIL

Chorizo al vino

De la carnicería
300 g de chorizo para cocinar

De la bodega
30 cl de vino blanco o tinto

1 hervir

Verter el vino en un cazo y llevar a ebullición.

2 cocinar

Añadir el chorizo entero y cocinar a fuego lento de 15 a 20 minutos.

3 cortar

Sacar el chorizo del cazo para cortarlo en rodajas. Presentarlo en un plato y verter un chorrito del vino sobre cada rodaja. Servir enseguida.

PARA 18 MONTADITOS

15 min.
de preparación
20 min. de cocción

MUY FÁCIL

Montaditos de chorizo de bellota con cebolla confitada

De la charcutería
18 rodajas de chorizo de bellota

De la panadería
18 rebanadas de baguette rústica

De la verdulería
3 cebolletas
1 hoja de laurel

Del colmado
4 cdas. de aceite de oliva
2 cdas. de azúcar extrafino
1½ cdta. de vinagre de jerez
½ cdta. de semillas de cilantro
sal, pimienta

1 cortar

Pelar las cebolletas, cortarlas por la mitad y después en rodajas finas.

2 cocinar

Saltear las cebolletas en el aceite durante 3 minutos a fuego fuerte, en una cazuela de fondo grueso. Cuando estén tiernas, espolvorear el azúcar por encima, salar, tapar y dejar cocinar 10 minutos a fuego lento, removiendo a menudo. Añadir el vinagre, las semillas de cilantro y el laurel. Proseguir la cocción sin tapar durante 5 minutos para que el líquido se evapore. Sazonar con pimienta y dejar enfriar.

3 servir

Repartir las rodajas de chorizo de bellota sobre el pan y poner encima la cebolleta confitada. Servir en una fuente.

PARA 12 PORCIONES

20 min. de preparación

35 min. de cocción

FÁCIL

Pollo al estilo moruno

De la carnicería
1 pollo pequeño de 1,3 kg

De la verdulería
1 cebolla
2 dientes de ajo

Del colmado
1 cubito de caldo de pollo
2 cdas. de harina
2 cdas. de aceite de oliva
1 rama de canela
20 hilos de azafrán
½ cdta. de comino molido
2 huevos no demasiado grandes
2 cdas. de almendras molidas
Tabasco
unas hojas de cilantro
sal, pimienta

1 deshuesar

Cortar el pollo en 12 trozos. Separar los muslos del cuerpo y las alas. Después, sacar las pechugas deslizando la punta del cuchillo a lo largo del hueso central y cortando con delicadeza la carne. Volver a cortar en dos las pechugas, las alas y los muslos.

2 preparar

Pelar y picar la cebolla y los dientes de ajo. Disolver el cubito de caldo en 20 cl de agua muy caliente. Mezclar la harina con sal y pimienta. Enharinar los trozos de pollo.

3 cocinar

Calentar el aceite en una sartén y dorar la carne 5 minutos. Guardar caliente. Poner en la sartén la cebolla y el ajo, y mezclar 3 minutos a fuego fuerte. Añadir la canela, el azafrán y el comino. Después de 30 segundos, verter el caldo removiendo con una cuchara de madera para rascar el fondo. Volver a poner el pollo en la sartén, cubrir y dejar cocinar a fuego lento 20 minutos. Poner los huevos en una olla y cubrirlos con agua. Cuando rompa a hervir, cocinar 6 minutos más. Refrescar con agua corriente y pelar. Separar las claras de las yemas y picarlas. Añadir las yemas a la sartén con las almendras molidas. Cocinar 5 minutos más. Sazonar con Tabasco. Servir con el cilantro fresco y la clara de huevo picada por encima.

PARA 6 PORCIONES

15 min. de preparación

8-10 min. de cocción

FÁCIL

Ensalada tibia de morcilla, habas y cebolla roja

De la carnicería
200 g de morcilla

De la verdulería
½ cebolla roja
300 g de habas frescas

Del colmado
2 cdas. de aceite de oliva
1 cda. de jerez seco
1 cda. de vinagre de jerez
sal, pimienta

1 cortar

Pelar y cortar la cebolla en tiras finas. Cortar la morcilla en rodajas.

2 pelar

Hervir las habas durante 2 minutos para que se ablanden, refrescarlas con agua corriente y pelarlas. Ponerlas en una fuente.

3 cocinar

Calentar la mitad del aceite en una sartén y dorar la cebolla 3 minutos. Después, mezclar con las habas. Cocinar las rodajas de morcilla en la misma sartén unos 5 minutos, dándoles la vuelta a mitad de cocción. Se desharán un poco al cocinarlas. Después, añadirlas a la ensaladera. Volver a poner la sartén al fuego y desglasar con el vino y el vinagre, rascando el fondo con una espátula de madera para recuperar los jugos de la cocción. Dejar que reduzca durante 30 segundos y verter sobre las habas. Salpimentar. Añadir el resto de aceite de oliva y mezclar con cuidado. Servir tibia.

PARA 6 PEQUEÑAS PORCIONES
10 min.
de preparación
15 min. de cocción
FÁCIL

Puré de guisantes con chorizo

De la carnicería
75 g de chorizo
20 g de jamón serrano

De la verdulería
300 g de guisantes

Del colmado
1 rebanada de pan seco
(del día anterior)
2 cdtas. de piñones
½ cubito de caldo de ternera
10 cl de crème fraîche
sal, pimienta

Material
batidora

1 preparar

Cortar el chorizo en daditos. Tostar los piñones en una sartén sin nada de grasa.

2 cocinar

En una olla, disolver el cubito de caldo de carne en 30 cl de agua caliente. Añadir los guisantes, llevar a ebullición y cocer 4 minutos. Saltear el chorizo durante 1 minuto en una sartén caliente y removiendo sin cesar. En cuanto comience a soltar grasa, añadir el pan. Dorar 2 minutos hasta que el pan y el chorizo estén crujientes.

3 triturar

Escurrir los guisantes reservando un poco de líquido de la cocción. Ponerlos en el vaso de la batidora con el jamón serrano, los piñones y 4 cucharadas del líquido reservado. Triturar hasta conseguir un puré untuoso. Añadir un poco de caldo si queda espeso, salpimentar al gusto. Repartir el puré en vasitos y poner una cucharada colmada de crème fraîche encima de cada uno. Decorar con tostones fritos y dados de chorizo. Servir enseguida.

PARA 6 PEQUEÑAS PORCIONES

15 min.
de preparación
24 h de refrigeración
10 min. de cocción
FÁCIL

Mousse de hígado de ave con piñones y jerez

De la carnicería
300 g de hígados de ave

De la verdulería
1 cebolla
2 dientes de ajo grandes
3 cdas. de perejil picado

Del colmado
50 g de piñones
más para servir
4 cdas. de mantequilla
4 cdas. de aceite de oliva
10 cl de jerez seco
sal, pimienta

Material
picadora

1 preparar

Secar los hígados de ave con papel absorbente y cortarlos en trocitos. Pelar la cebolla y el ajo. Picar la cebolla y triturar el ajo. Saltear los piñones en la sartén sin aceite. Fundir la mantequilla y reservar.

2 cocinar

Verter la mitad del aceite en una sartén caliente y cocinar la cebolla 5 minutos a fuego medio, removiendo de vez en cuando. Cuando esté dorada, añadir el ajo y los hígados de ave. Subir el fuego y cocinar 3 minutos removiendo sin parar. Añadir el jerez, salpimentar y dejar reducir el líquido 1 minuto, a fuego fuerte. Deben quedar 2 cucharadas de salsa en la sartén.

3 triturar

En la picadora, triturar los hígados de ave (y su salsa) con los piñones, el perejil y el resto del aceite. Probar para comprobar el punto de sazón. Con una cuchara, pasar la mousse a un bol pequeño, cubrir con la mantequilla fundida y dejar reposar 24 horas en el frigorífico. Servir con pan tostado frotado con ajo y aceite de oliva.

PARA 12 PORCIONES

15 min. de preparación

40 min. de cocción

FÁCIL

Albóndigas de cerdo y ternera con salsa de tomate

De la carnicería
150 g de carne de cerdo picada
150 g de carne de ternera picada

De la verdulería
1 diente de ajo
1 cebolla
1 guindilla verde
600 g de tomates

Del colmado
2 cdas. de pan rallado
2 cdas. de leche
1 huevo no demasiado grande
2 cdas. de polvo de almendra
2 cdas. de perejil picado
½ cdta. de pimentón picante
1 cda. de harina
2 cdas. de aceite de oliva
2 cdas. de jerez
1 cda. de azúcar extrafino
1 hoja de laurel
sal, pimienta

Material
brochetas o palillos

1 preparar

Para hacer las albóndigas de carne, mojar el pan rallado en la leche. Cascar el huevo en un cuenco y batirlo ligeramente. Pelar y picar el diente de ajo. Para preparar la salsa de tomate, pelar y picar la cebolla. Quitar las semillas y picar fina la guindilla. Pelar los tomates, quitarles las pepitas y picarlos.

2 mezclar

Mezclar en una fuente la carne picada (cerdo y ternera) con el huevo batido, el pan rallado, el polvo de almendra, el ajo, el perejil y el pimentón. Añadir un poco de sal. Poner la harina en un plato. Hacer albóndigas y pasarlas después por la harina. Reservar en otro plato.

3 cocer

Echar aceite en una sartén caliente y dorar las albóndigas durante 5 minutos, dándoles la vuelta a menudo para que se cocinen de manera uniforme. Ponerlas en una cazuela mediana de fondo grueso, en una sola capa y tapadas. Preparar la salsa salteando la cebolla y el pimiento 5 minutos en el mismo aceite de las albóndigas. Verter el jerez y desglasar la sartén rascando el fondo con una espátula. Añadir los tomates triturados, el azúcar y el laurel. Dejar espesar 6 o 7 minutos a fuego suave. Verter la salsa sobre las albóndigas y salpimentar. Tapar y cocinar a fuego lento 20 minutos. Servir caliente.

PARA 6 PORCIONES PEQUEÑAS

15 min. de preparación

15 min. de cocción

FÁCIL

Minibrochetas de pato con champiñones y jamón serrano

De la carnicería
1 magret de pato sin piel
6 lonchas muy finas de jamón serrano

De la verdulería
60 g de olivas verdes
1 champiñón portobello grande o 6 champiñones pequeños

Del colmado
2 filetes de anchoas en aceite
2 cdas. de aceite de oliva

Material
6 brochetas de bambú
picadora

1 preparar

Meter las brochetas de bambú durante 30 minutos en agua fría. Deshuesar las olivas y escurrir las anchoas. Cortar el magret de pato en 6 trozos, así como el champiñón. Cortar los filetes de jamón por la mitad a lo largo. Precalentar el grill al máximo.

2 empanar

En la picadora, triturar las olivas, las anchoas y el aceite de oliva para obtener una pasta espesa y homogénea. Extenderla sobre un plato llano. Pasar los trozos de pato y de champiñón por la pasta de olivas y cubrirlos uniformemente. Después, enrollarlos en una lámina fina de jamón serrano y pinchar con las brochetas.

3 asar

Colocar las brochetas en una rejilla y asar bajo el grill durante 3 o 4 minutos por cada lado. Servir enseguida.

PARA 6 PEQUEÑAS PORCIONES

15 min. de preparación

35 min. de cocción

FÁCIL

Caracoles con tomate y chorizo

De la carnicería
50 g de chorizo
30 g de jamón

De la verdulería
1 cebolla
1 guindilla roja pequeña
4 dientes de ajo
500 g de tomates

Del colmado
24 caracoles medianos
en conserva
más 24 cáscaras limpias
4 cdas. de aceite de oliva
2 cdta. de tomillo fresco picado
1 cda. de harina
5 cl de vino blanco
sal, harina

Material
colador
brochetas o palillos

1 preparar

Lavar y escurrir los caracoles. Pelar la cebolla y picarla con la guindilla. Cortar el chorizo en daditos y picar el jamón. Pelar los dientes de ajo y picar 2 de ellos. Pelar, quitar las pepitas y cortar los tomates en dados.

2 saltear

Poner los caracoles en una cazuela pequeña, cubrir con agua, añadir los 2 dientes de ajo enteros, 2 cucharadas de aceite de oliva y el tomillo. Sazonar con pimienta. Cuando rompa a hervir, bajar el fuego y cocinar 5 minutos más. Escurrir los caracoles. Cuando estén templados, repartirlos en las cáscaras.

3 estofar

Para hacer la salsa, saltear la cebolla y la guindilla en el aceite restante durante 10 minutos, removiendo de vez en cuando. Añadir el jamón, el chorizo y el ajo picado. Remover 2 minutos sobre el fuego y, después, añadir la harina. Dorar 1 minuto y verter el vino. Rascar el fondo de la cazuela con una espátula; dejar que la salsa reduzca 1 minuto y agregar los tomates. Después de 5 minutos, añadir los caracoles a la cazuela, incorporar 10 cl de agua, cubrir y dejar cocinar a fuego lento 10 minutos sin remover. Servir caliente con palillos de madera.

PARA 6 PERSONAS

15 min.
de preparación
3 h de cocción

FÁCIL

Cordero confitado al azafrán

De la carnicería
850 g de jarretes de cordero

De la verdulería
1 cebolla
3 dientes de ajo
2 tomates pequeños
3 cdas. de perejil picado

Del colmado
15 hilos de azafrán
1 cda. de pimentón dulce
12,5 cl de jerez seco

1 preparar

Preparar el horno a 150 °C. Poner en remojo el azafrán 5 minutos en 1 cucharada de agua caliente. Pelar y cortar la cebolla en rodajas finas. Pelar los dientes de ajo. Pelar, quitar las pepitas y cortar los tomates en dados.

2 juntar

Mezclar todos los ingredientes en una cazuela no demasiado grande para que los jarretes estén bien apretados.

3 cocinar

Meter la cazuela en el horno a media altura, cubrir y cocinar de 2½ horas a 3 horas. La carne debe despegarse sola del hueso. Cuando estén hechos, sacar los jarretes de la cazuela y cortarlos en trozos (guardar en caliente). Si la salsa está demasiado líquida, dejar que reduzca unos minutos. Verter la salsa sobre los jarretes de cordero y servir con tenedores pequeños.

PARA 18 CROQUETAS

25 min.
de preparación

1 noche de refrigeración

35 min. de cocción

FÁCIL

Croquetas de jamón

De la carnicería
50 g de restos de carne cocida
50 g de jamón serrano

Del colmado
3 huevos no demasiado grandes
1,5 l de aceite de oliva para freír
más 4 cdas. para la bechamel
60 g de harina
50 cl de leche
nuez moscada
150 g de pan rallado
sal, pimienta

1 preparar

La noche anterior, poner 1 huevo en un cazo pequeño, cubrir con agua, llevar a ebullición y cocer 6 minutos. Refrescar el huevo con agua corriente, pelarlo y picarlo fino. Picar por separado los restos de carne y el jamón.

2 cocinar

Calentar las 4 cucharadas de aceite en una olla de fondo grueso. Añadir la harina y dorar 1 minuto a fuego medio, sin dejar de mezclar. Incorporar progresivamente la leche, removiendo para evitar los grumos; después, dejar que espese 5 minutos sin parar de remover. Incorporar el huevo duro picado, la carne y el jamón. Salpimentar y rallar un poco de nuez moscada. Proseguir la cocción 20 minutos a fuego muy suave. Dejar enfriar a temperatura ambiente y guardar en frío toda la noche.

3 freír

Al día siguiente, calentar el aceite para freír en una sartén profunda a 165 °C. Romper los huevos restantes en un cuenco y batirlos. Echar pan rallado, sal y pimienta en un plato grande. Coger cucharaditas de la pasta y formar croquetas ovaladas; pasarlas por el huevo batido y por el pan rallado de manera que queden bien cubiertas. Freír 3 o 4 minutos en aceite caliente, en varias tandas. Escurrir sobre papel absorbente y servir enseguida.

PARA 6 PEQUEÑAS PORCIONES

15 min. de preparación

10 min. de cocción

FÁCIL

Riñones de ternera con chorizo al jerez

De la carnicería
350 g riñones de ternera
125 g de chorizo

De la verdulería
1 cebolla
1 diente de ajo
1 cda. de perejil picado

Del colmado
1 cda. de aceite de oliva
10 cl de jerez seco
1 cdta. de mostaza fuerte
sal, pimienta

Para acompañar
pan artesanal

1 preparar

Quitar la membrana que rodea los riñones. Con un cuchillo afilado, retirar también la grasa, los nervios y las venas. Trocear los riñones. Pelar la cebolla, cortarla por la mitad y, después, en tiras finas. Cortar el chorizo en rodajas finas. Pelar y picar el diente de ajo.

2 cocinar

Calentar el aceite en una sartén y saltear la cebolla durante 1 minuto. Añadir el chorizo y los riñones, saltearlos 5 minutos y luego remojar con el jerez. Cocinar 3 minutos.

3 sazonar

Incorporar la mostaza, el ajo y el perejil. Mezclar bien para que la salsa esté homogénea y calentar otro minuto más. Servir caliente con pan de pueblo.

tapas dulces

PARA 15 TORRIJAS

10 min. de preparación
15 min. de reposo
4 min. de cocción
MUY FÁCIL

Torrijas de brioche a la canela

De la panadería
100 g de brioche

De la verdulería
1 limón

Del colmado
1 rama de canela
25 cl de leche
4 yemas de huevo no demasiado grandes
30 g de azúcar extrafino
25 g de mantequilla
1 cda. de aceite de oliva

Para servir
canela en polvo

1 preparar

Cortar el brioche en dados. Cortar la rama de canela por la mitad. Rallar finamente la peladura de limón.

2 cocinar

Lavar una olla con agua fría sin secarla: el agua evita que la leche se pegue al fondo. Verter la leche en la olla, añadir la rama de canela y la peladura de limón. Llevar a ebullición. Batir las yemas de huevos con el azúcar en un cuenco. Verter la leche caliente con delicadeza, removiendo sin cesar. Después dejar templar 15 minutos.

3 dorar

Fundir la mantequilla con el aceite de oliva en una sartén. Sumergir los dados de brioche en la preparación con los huevos antes de dorarlos en la sartén, durante 4 minutos en total, dándoles una vuelta. Disponerlos en un plato y espolvorear canela por encima.
Servir caliente.

PARA 6-8 PORCIONES

10 min. de preparación

3 h de congelación

5 min. de cocción

MUY FÁCIL

Sorbete de limón y anís

De la verdulería
3 limones

Del colmado
100 g de azúcar extrafino
1 cda. de anís blanco

Material
sorbetera o cubitera
batidora (optativo)

1 preparar

Rallar finamente la piel de 1 limón, y exprimir los 3 limones.

2 hervir

En una olla, mezclar el azúcar, la ralladura de limón y 50 cl de agua. Llevar a ebullición y dejar que hierva 5 minutos a fuego más suave. Dejar enfriar.

3 congelar

Cuando el almíbar esté tibio, añadir los zumos de los limones y el anís blanco. Pasar la mezcla a una sorbetera y dejar que la preparación se hiele. Si no se tiene sorbetera, verter el almíbar en la cubitera y congelar durante 3 horas. Triturar después los cubitos en una batidora hasta obtener un granizado ligero. Guardar de nuevo en el congelador hasta el momento de servir.

PARA 6 VASITOS
10 min. de preparación
2 h de refrigeración
15 min. de cocción
MUY FÁCIL

Dados de melón macerados al jerez

De la verdulería
1 melón
½ limón

Del colmado
50 cl de jerez seco
60 g de azúcar extrafino
2 ramitas de canela

Material
brochetas o palillos

1 cortar

Pelar el melón y cortarlo en dados grandes. Cortar el medio limón en rodajas finas.

2 hervir

Mezclar en una olla el jerez, el azúcar, las ramitas de canela y las rodajas de limón. Llevar a ebullición y dejar hervir durante 10 minutos.

3 macerar

Poner los dados de melón en una fuente y verter por encima el almíbar de jerez. Dejar templar a temperatura ambiente y refrigerar 2 horas al menos. Pinchar los palillos en los dados de melón y servir en vasitos con el almíbar.

PARA 8 VASITOS
15 min.
de preparación
2 h de refrigeración
20 min. de cocción
FÁCIL

Crema de cacao para los más chocolateros

Del colmado
100 g de chocolate negro
de buena calidad
1 vaina de vainilla
12,5 cl de leche
12,5 cl de crème fraîche
2 yemas de huevo
50 g de azúcar extrafino

Material
colador fino
6 copas pequeñas o 6 vasitos

1 preparar

Cortar el chocolate en trocitos o, mejor, rallarlo. Ponerlo en un recipiente no demasiado grande. Abrir la vaina de vainilla por la mitad a lo largo y raspar el interior para sacar los granos.

2 cocer

Aclarar una olla con agua fría sin secar: el agua impedirá que la leche se pegue al fondo. Verter la leche y la crème fraîche, añadir la vaina y los granos de vainilla. Llevar suavemente a ebullición y retirar enseguida la olla del fuego. Dejar macerar 5 minutos. Batir las yemas de huevo con el azúcar durante 2 minutos para que la mezcla se blanquee. Sacar la vaina de vainilla de la olla y pasar la crema por un colador fino. Verterla después con cuidado sobre los huevos batidos, removiendo sin cesar con una cuchara de madera. Transferir la mezcla a una olla limpia, ligeramente húmeda, y dejar espesar 6 o 7 minutos a fuego suave, hasta que la crema cubra la cuchara.

3 mezclar

Verter la crema sobre el chocolate removiendo constantemente. Cuando la preparación esté homogénea, repartirla en las copitas o en los vasos. Dejar al menos 2 horas en el frigorífico para que cuaje.

PARA 18 GALLETAS
15 min. de preparación
10 min. de cocción
FÁCIL

Galletas de mantequilla, piñones y pimienta negra

Del colmado
60 g de piñones
1 huevo
150 g de harina
½ cdta. de bicarbonato sódico
½ cdta. de sal
125 g de mantequilla blanda
60 g de azúcar extrafino
½ cdta. de pimienta negra recién molida

Para acompañar
crema de chocolate y/o jerez dulce y/o café

Material
tamiz fino
batidora eléctrica
papel sulfurizado

1 preparar

Precalentar el horno a 190 °C. Tostar ligeramente los piñones en una sartén sin aceite. Romper los huevos en un cuenco y batir ligeramente. Tamizar juntos la harina, la sal y el bicarbonato.

2 batir

Batir con la varilla eléctrica la mantequilla, el azúcar y la pimienta. Al cabo de 2 o 3 minutos, la mezcla debe formar una crema ligera. Añadir entonces el huevo batido sin dejar de batir durante 30 segundos. Incorporar la harina en varias partes (4 cucharadas cada vez) y después la mitad de los piñones.

3 hornear

Forrar dos placas de horno con papel sulfurizado. Poner bolitas de masa encima, dejando bastante espacio entre ellas. Incrustar el resto de piñones encima de las galletas y hornear durante 10 minutos. Dejar enfriar a temperatura ambiente sobre las placas de cocción. Servir con una crema de chocolate, un vaso de jerez dulce o un café cargado.

PARA 6 PORCIONES

20 min. de preparación

35 min. de cocción

FÁCIL

Pastel de chocolate y almendras

Del colmado
100 g de mantequilla
+ para el molde
50 g de almendras peladas
ligeramente tostadas
3 huevos grandes
100 g de chocolate negro
30 g de harina y un poco más
para el molde
75 g de azúcar extrafino
12,5 cl de aceite de oliva con
sabor afrutado

Material
molde para pastel pequeño
y rectangular
picadora
batidora eléctrica

1 preparar

Precalentar el horno a 180 ºC. Engrasar con mantequilla un molde pequeño rectangular y enharinarlo. Triturar las almendras hasta conseguir un polvo fino. Separar las claras y las yemas. Trocear el chocolate.

2 mezclar

Mezclar el chocolate con la mantequilla en un recipiente y fundirlo al baño maría, encima de un cazo con agua hirviendo. La base del recipiente no debe tocar el agua. Cuando todo el chocolate se haya fundido, retirar el recipiente del cazo. Batir las yemas de huevo y el azúcar (reservar 2 cucharadas) durante 2 minutos hasta que la mezcla se blanquee. Montar las claras a punto de nieve incorporando progresivamente el resto del azúcar. Mezclar primero el chocolate fundido con las yemas batidas, después añadir las almendras en polvo y la harina, y, por último, incorporar progresivamente las claras a punto de nieve.

3 hornear

Verter la preparación en un molde y hornear de 25 a 30 minutos. Es normal que la masa parezca húmeda. Dejar enfriar. Desmoldar el pastel antes de cortarlo en trocitos. Mojar cada porción en el aceite de oliva antes de tomar: la combinación es sorprendentemente sabrosa.

Glosario

Aceite de oliva España es el mayor productor de aceite de oliva del mundo, de manera que se pueden encontrar muchas variedades, más o menos caras según su calidad. Su sabor afrutado, dulce o ligeramente amargo se complementa, a veces, con toques de fruta o almendra. El aceite más exquisito (y también el más caro) es el llamado Flor de Aceite, y se extrae de la primera prensión en frío. Igual que los aceites extra vírgenes, se reserva para las ensaladas o las preparaciones crudas. Para cocinar, es preferible usar un aceite de oliva virgen (los aceites refinados no son tan ácidos, pero tienen menos sabor).

Alcaparras La alcaparra es el botón floral del alcaparro, que se recoge antes de que se abra completamente. Normalmente se conservan en vinagre. Es mejor utilizar alcaparras pequeñas.

Anchoas Este pescado azul, parecido a la sardina, pero de sabor más delicado, es un ingrediente básico de muchas tapas. Se pueden comprar en aceite o conservadas en sal; también se usan frescas en algunas recetas.

Angulas La angula, muy apreciada en el País Vasco, es la cría de la anguila. Se pueden comprar en conserva, preparadas con ajo, guindillas y aceite de oliva.

Azafrán Los árabes introdujeron esta especia en España. Se cultiva sobre todo en la región de La Mancha, en el centro del país. El azafrán es el pistilo rojo de una especie del género Crocus. Se necesitan 50.000 estigmas para producir 100 g, de ahí que su precio sea tan alto. Es mejor comprar azafrán en hilo que en polvo: tiene más aroma y es de mejor calidad.

Bacalao en salazón Se trata de bacalao conservado en sal. Se usa mucho tanto en España como en Portugal. Debe desalarse durante varias horas en agua (hay que cambiar el agua 3 o 4 veces).

Banderilla Esta tapa toma su nombre de las espadas de colores que los toreros clavan en el lomo del toro en el segundo tercio de las corridas. De ahí que se llamen así las tapas presentadas en pequeñas brochetas decorativas, que a menudo se preparan con encurtidos. Este pincho tiene muchas posibilidades y variantes de preparación.

Bellota La denominación «bellota» sirve para distinguir los productos derivados de los cerdos ibéricos, que se crían en semilibertad y se alimentan de bellotas.

Bonito del Norte El atún blanco (que no hay que confundir con el albacora) es un ingrediente muy característico del norte de España. Su carne es sabrosa y más delicada que la del atún rojo.

Boquerón Es un pez más pequeño que la sardina, que destaca por el color plateado de su lomo. Se usa para preparar las anchoas, pero también es muy habitual tomarlo marinado en vinagre, con abundante ajo y perejil, y acompañado de encurtidos.

Carne de membrillo Dulce preparado a partir de la fruta del membrillo que se toma con quesos como el manchego. La nueva cocina española lo usa ahora en numerosas recetas.

Chipirón Con este nombre se designa en el País Vasco a los calamares pequeños. Se pueden rellenar, asar, freír o cocinarlos en su tinta.

Chorizo Este popular embutido, preparado con carne de cerdo y especias, es una especialidad de nuestra gastronomía. Su color rojo se debe al pimentón dulce o picante con el que se sazona. Las variedades de mayor calidad son el chorizo ibérico y el de bellota. Hay muchos tipos, desde los más suaves a los más picantes, que pueden usarse tanto para cocinar como para comer en rodajas.

Croquetas A partir de la base común de bechamel, podemos preparar numerosas variantes de esta tapa: desde las habituales croquetas de jamón o pollo, a las de setas o bacalao. Es preferible freírlas en el momento de servir.

Empanadilla Estos pastelitos en forma de media luna se pueden rellenar tanto de carne como de pescado, y hacerlos fritos o en el horno.

Escabeche Adobo preparado con vinagre, laurel, especias y aceite de oliva.

Guindillas Son una variedad de pimiento largo y bastante fino, que se produce sobre todo en Navarra y en el País Vasco. Normalmente, se venden maceradas en vinagre.

Ibérico El cerdo negro ibérico es una raza medio salvaje, única en España. Los jamones, lomos o chorizos que se hagan con esos animales llevarán la apelación de ibérico o ibérico de bellota.

También se les llama «pata negra». La mención de bellota indica que el cerdo se crió al aire libre y que se alimentó de bellotas.

Idiazábal Este queso vasco de leche de oveja es uno de los productos más antiguos de España. Se puede encontrar ahumado, su textura es firme y es de sabor fuerte. Se madura al menos durante 3 meses.

Jabugo Es el nombre de un pueblo andaluz famoso por sus jamones ibéricos, que preparan con cerdo pata negra de bellota (cerdo alimentado con bellotas y criado en semilibertad).

Jamón Es la pierna cocida del cerdo, curada o cocida entera.

Jerez Los viñedos de Jerez, en el sur de Andalucía, producen uno de los vinos más célebres de España. Los vinos de Jerez incluyen una amplia gama que abarca desde los más secos a los más licorosos. El amontillado y el oloroso tienen un color más oscuro y son muy aromáticos. La manzanilla es más ligera. Los dulces, por su parto, se elaboran con uvas muy maduras y se sirven normalmente de postre.

Lomo ibérico Es un embutido fabricado con lomo de cerdo entero, adobado y embuchado en tripa de cerdo.

Manchego Queso de oveja típico de la región de La Mancha. Cuando el queso se madura tres meses al menos, se denomina Viejo. Es de textura firme y sabor intenso.

Monte enebro Se trata de un queso de cabra tradicional que se produce en Castilla y León

Morcilla Es un embutido relleno principalmente de sangre de cerdo, con cebollas, especias (pimentón dulce entre otras), arroz (como la morcilla de Burgos) o miga de pan (morcilla de León).

Pata negra El nombre se refiere a las patas negras del cerdo ibérico. Los mejores embutidos de España se preparan a partir de este animal. El jamón ibérico pata negra es uno de los más caros, pero también de los más deliciosos.

Pimentón Es un condimento que se obtiene secando y moliendo algunas variedades de pimientos rojos. Se puede encontrar dulce o picante. Es la especia que se usa para preparar el chorizo.

Pimentón de La Vera El nombre designa una variedad de pimentón de sabor ahumado muy suave, que se produce en la región de La Vera, en Andalucía.

Pimientos de Padrón Se trata de una variedad de pimientos verdes originarios de Galicia. Suelen tomarse fritos. Su sabor es más bien suave, pero también pueden picar.

Pimientos del piquillo Son una variedad de pimientos vascos pequeños, suaves y ligeramente ahumados. Se pueden comprar en conserva, pelados y asados. Muy a menudo, se toman rellenos de bacalao.

Pimiento romesco o ñora Pimiento típico español de sabor dulce y afrutado. Se suele vender seco, pero también molido.

Pincho Es el nombre que reciben las elaboradas tapas típicas del País Vasco.

Queso de cabrales Se trata de un queso entreverado, originario de Asturias y hecho con leche de vaca u oveja.

Serrano Es el nombre genérico que reciben los jamones curados españoles. Se llama así por la costumbre de curar el jamón en lugares altos de las sierras. Si no lleva los adjetivos ibérico, bellota o pata negra, el jamón se habrá elaborado a partir de cerdos de piel blanca (y no de la raza porcina ibérica). El secado debe durar al menos treinta y seis semanas para que pueda recibir la denominación de origen.

Tortilla española Se trata de un plato hecho con huevos y patatas, aunque se puede enriquecer la receta con otros ingredientes. Suele ser gruesa y consistente. Está presente en la gran mayoría de bares de tapas españoles.

Ventresca Es un bocado muy delicado que se encuentra en el vientre del atún blanco (o bonito). Normalmente se conserva en aceite de oliva y se puede comprar en cualquier supermercado.

Índice práctico

Título original: *Cuisiner les tapas en 3 étapes*

Círculo de Lectores, S.A.
Travessera de Gràcia, 47-49. 08021 Barcelona
www.circulo.es
210698765432

Coordinación editorial: Catie Ziller
Autora y estilismo: Valérie Berry
Fotografías: Jeff Wood

Fotocomposición: Compaginem

ISBN: 978-84 672-4992-7
epósito legal: B. 12315-2012
eso en Gráficas 94, España
99